ÉTICA PARA VIVER MELHOR

2ª edição

C.S. LEWIS
ÉTICA PARA VIVER MELHOR

DIFERENTES ATITUDES PARA AGIR CORRETAMENTE

Tradução
Claudia Ziller

Copyright © C. S. Lewis Pte Ltd., 1985
Copyright © Editora Planeta do Brasil, 2017, 2021
Todos os direitos reservados.
Título original: *Compelling reason*

Revisão: Amanda Moura e Hires Héglan
Diagramação: 2 estúdio gráfico
Capa: André Stefanini

CIP-BRASIL. CATALOGAÇÃO NA PUBLICAÇÃO
ANGÉLICA ILACQUA CRB-8/7057

Lewis, C. S.
   Ética para viver melhor: diferentes atitudes para agir corretamente / C. S. Lewis; tradução de Claudia Ziller. – 2. ed. - São Paulo: Planeta do Brasil, 2021.
   256 p.

   ISBN 978-65-5535-423-2
   Título original: Compelling reason

   1. Desenvolvimento pessoal 2. Ética I. Título II. Ziller, Claudia

   21-2298   CDD: 241

Índices para catálogo sistemático:
1. Desenvolvimento pessoal

2021
Todos os direitos desta edição reservados à
Editora Planeta do Brasil Ltda.
Rua Bela Cintra, 986, 4º andar – Consolação
São Paulo – SP – 01415-002
www.planetadelivros.com.br
faleconosco@editoraplaneta.com.br

Sumário

Prefácio		7
1	Por que não sou pacifista (1940)	9
2	O fundamento do pensamento do século XX (1941)	33
3	As pessoas conversam melhor quando ninguém diz "vamos conversar" (1942)	41
4	Igualdade (1943)	47
5	Três tipos de homem (1943)	53
6	"Terríveis coisas vermelhas" (1944)	55
7	Educação democrática (1944)	61
8	Um sonho (1944)	67
9	O fim da erudição (1944)	73
10	Sentir é melhor que explicar (1945)	79
11	Não se vive só de prazer (1945)	85
12	A ética da fé pela razão (1945)	93
13	O declínio da religião (1946)	117
14	Religião sem dogma? (1946)	127
15	Vivisseção (1947)	155

16	A ética dos textos bíblicos (1947)	163
17	Viver na era atômica (1948)	169
18	A teoria humanitária da punição (1949)	179
19	O problema ético da dor: entre a sensibilidade e a consciência (1950)	199
20	O teísmo é importante? (1952)	217
21	Natal: um capítulo perdido de Heródoto (1954)	225
22	Puritanismo e filologia (1955)	229
23	A história é bobagem? (1957)	235
24	Escravos voluntários do Estado assistencialista (1958)	241
Fontes originais		251

Prefácio

Este livro não é uma coleção de escritos inéditos, mas de ensaios que, atualmente, não se encontram publicados e que eu e Murray White, da HarperCollins, consideramos que devem permanecer à disposição do público leitor. Um dos legados que se recebe de um grande escritor é a responsabilidade de tentar garantir que suas obras menores não fiquem sem publicação ou que, pelo menos, não desapareçam enquanto houver alguém interessado em lê-las.

Neste volume, buscamos selecionar os ensaios de Jack (C. S. Lewis) muito atuais e aplicáveis ao mundo de hoje. Jack dizia que o escritor não deve tentar ser "moderno" ou "atualizado", porque, quanto mais o for, mais perto está de ser "desatualizado". Essa habilidade de ser alheio ao momento presente caracteriza muito bem os ensaios e artigos de Jack. Inevitavelmente, o que ele escreveu foi influenciado e afetado por sua criação e pelo ambiente em que viveu, mas a clareza cristalina de seu pensamento muitas vezes o capacitava a ir além dos limites de seu tempo e atingir o cerne de questões que preocupam homens e mulheres de todas as eras. Esperamos que você encontre exemplos desse fenômeno neste livro.

Douglas Gresham
Irlanda, 1996

1

Por que não sou pacifista (1940)

A questão é se servir nas guerras, sob o comando da sociedade civil à qual pertencemos, é um ato errado, moralmente neutro ou uma obrigação moral. Para responder a essa pergunta, levantamos uma questão muito mais abrangente: como decidir o que é bem e o que é mal? Em geral, a resposta é que cada um decide segundo sua consciência. Provavelmente, no entanto, ninguém imagina a consciência como uma habilidade isolada, como um dos sentidos. Não se pode pensar nela assim. Não se pode considerar um sentido humano como uma faculdade autônoma; você não pode convencer um homem a enxergar verde quando ele está vendo azul. A consciência, porém, pode ser alterada por argumentos. Se não concordasse com isso não teria me pedido para vir e debater com você sobre a moralidade da obediência à lei civil quando ela nos manda servir na guerra. Assim, a consciência implica o homem como um todo participando de um debate específico.

Mesmo nesse sentido, contudo, a consciência possui dois significados. Ela pode ser: (a) a pressão que o homem sente sobre sua vontade para fazer o que ele acha que é certo; ou (b) o julgamento quanto ao que é certo e errado. No primeiro caso, a consciência deve ser sempre seguida. É soberana no universo, e "se tivesse poder como tem direito, com certeza governaria o mundo". Não se deve discutir com ela, mas, sim, obedecer-lhe; e questionar-lhe consiste em erro. A segunda acepção, entretanto, é muito diferente. As pessoas podem se enganar em relação ao certo e ao errado – de certo modo, a maioria erra. E como corrigir esse erro?

A analogia mais útil aqui é a da Razão, que entendo não como uma habilidade isolada, mas sim, uma vez mais, como o homem julgando, somente julgando, desta vez, o que é verdadeiro e falso e não o que é bem e mal. Todo treinamento concreto do raciocínio inclui três elementos.

Primeiro, a recepção dos fatos sobre os quais se vai raciocinar. Os fatos são recebidos pelos sentidos ou pelo relato de outras mentes, ou seja, a experiência ou a autoridade fornece o material. A experiência de cada indivíduo, no entanto, é tão limitada que a segunda fonte é mais comum. De cada cem fatos sobre os quais raciocinamos, 99 dependem da autoridade.

Segundo, há o ato direto e simples da mente que percebe a verdade autoevidente, como quando vemos que se tanto A quanto B são iguais a C, então, todos são iguais uns aos outros. Nomeio esse como "intuição".

Terceiro, existe uma arte, ou habilidade, de arranjar os fatos de forma que levem a uma série de intuições que, ligadas, geram uma prova da verdade ou da falsidade da proposição que estamos considerando. Dessa forma, em uma prova geométrica, atinge-se cada etapa pela intuição; e quem não consegue ver isso não é considerado fraco em geometria, mas, sim, um tolo. A habilidade reside em organizar o material disponível em uma série de "etapas" que se pode intuir. Quem não consegue fazer isso não é estúpido, apenas não olha o problema com simplicidade e astúcia. O fracasso em seguir esse plano não significa, necessariamente, estupidez, mas falta de atenção ou de memória, falta essa que impede o estabelecimento de correlação entre as intuições.

Toda correção de erro de raciocínio é, na verdade, correção do primeiro ou do terceiro elemento. Não há como corrigir o segundo, o intuitivo, nem concedê-lo a quem não o tem. Você pode dar ao homem novos fatos. Você pode criar uma prova mais simples, ou seja, uma concatenação simples de verdades intuídas. Mas, quando se trata de incapacidade absoluta de enxergar as etapas autoevidentes sobre as quais se constrói a prova, não há nada que se possa fazer. Sem dúvida, essa incapacidade absoluta é muito mais rara do que supomos. Todo professor sabe que muitos alegam constantemente não "conseguir enxergar" uma inferência autoevidente, mas, em geral, a suposta inabilidade faz com que se recuse a ver, o que pode levar a não *querer* enxergar a verdade em questão ou à preguiça que leva à recusa total a pensar. Quando a incapacidade é verdadeira, no entanto, a discussão chega ao fim. Não se produz intuição racional em um debate, porque este depende daquela. A prova reside no que não pode ser provado, que precisa ser "visto". Não há, então, como corrigir a intuição imperfeita. Não se pode dizer que a intuição não pode ser ensinada pela prática de atenção e pelo afastamento de paixões que distraem, ou ser corrompida por hábitos que se opõem a ela. Mas ela não é sensível à correção por argumentos.

Antes de concluir o tema Raciocínio, preciso afirmar que a autoridade não apenas se combina com a experiência para fornecer a matéria-prima, ou seja, os "fatos", mas também, com frequência, é usada no lugar do raciocínio como método de se chegar a conclusões. Por exemplo, poucos de nós seguiram o raciocínio que fundamenta 10% das verdades em que acreditamos. Nós as aceitamos com base na autoridade dos especialistas e somos sábios por agir assim, porque o pensamento às vezes é enganoso, e segui-lo sempre nos levaria, muitas vezes, a viver como selvagens.

Todos os três elementos são encontrados, também, na consciência. Primeiro, os fatos, como afirmado antes, derivam da experiência e da autoridade. Não me refiro a "fatos morais", mas, sim, aos relacionados a atos sem pendências, quanto aos quais não há como levantar qualquer questionamento moral – nem ao menos discutiríamos o pacifismo caso não soubéssemos o significado da guerra e dos assassinatos, nem falaríamos de castidade se desconhecêssemos o que os professores chamam de "fatos da vida". Em segundo lugar, existe a pura intuição de simplesmente saber o que é bem e mal. Terceiro, há um processo de argumentação em que se organiza as intuições no sentido de convencer um homem de que determinado ato é certo ou errado. Finalmente, há uma autoridade que substitui a argumentação, que diz ao homem que algumas coisas são certas ou erradas, cuja diferença entre os dois não seria descoberta e aceita, a não ser que o homem acredite que está diante de uma autoridade mais sábia e melhor do que ele mesmo. A principal diferença entre Razão e consciência é alarmante. É a seguinte: as intuições indiscutíveis das quais todos dependem são sujeitas à corrupção pela paixão, quando tratamos de falso e verdadeiro, e são muito mais vulneráveis, quase que com toda certeza corrompidas, quando consideramos o bem e o mal. Nesse caso, tratamos de ações do aqui e agora, que realizamos ou deixamos de realizar. E não deveríamos avaliar esse ato, a não ser que desejássemos, ou não, praticá-lo e, por isso, já começamos o processo sob influência externa. Portanto, o valor da autoridade para qualificar, ou até superar, nossa própria atividade é muito maior nessa esfera do que na da Razão. Além disso, os seres humanos precisam ser treinados a obedecer às intuições morais antes de as terem e anos antes de adquirirem o raciocínio necessário para discuti-las, caso contrário se corromperão antes da época adequada à discussão.

Essas intuições morais básicas são o único elemento da consciência que não se pode refutar; se a diferença de opinião não fizer de uma das partes um idiota moral, então, a questão não implica intuição. As intuições morais básicas são a preferência última da busca por amor em lugar de ódio e da felicidade em vez do sofrimento. Há gente tão corrompida que já as perdeu, assim como há quem não consegue enxergar nem a prova mais simples, todavia, pode-se dizer que esse grupo é a voz da humanidade em geral. E as intuições são indiscutíveis. Mas aí surge o problema. Constantemente, pessoas requerem esse *status* de indiscutível e inquestionável para julgamentos morais que não são, de forma alguma, intuições, mas consequências remotas ou aplicações específicas delas, sob todos os aspectos abertos à discussão, já que as consequências podem ocorrer de forma ilógica e a aplicação pode ser feita de modo falso.

Assim, podemos encontrar um fanático pela "temperança" que afirma ter intuição indiscutível de que toda bebida com álcool é proibida. Na verdade, ele não pode afirmar isso. A verdadeira intuição é que é bom ter saúde e harmonia. Então, se generaliza os fatos e conclui-se que bebedeiras resultam em doença e brigas e também se diz, talvez, se o fanático for cristão, que a voz da autoridade afirma que o corpo é o templo do Espírito Santo. A conclusão, então, é que aquilo de que se pode abusar não deve jamais ser usado – conclusão feita sob medida para a discussão. Por fim, acontece o processo em que associações preliminares, arrogância e fatores semelhantes transformam a conclusão remota em algo que o homem considera indiscutível, porque não quer debater o tema.

Eis, então, o primeiro critério para a decisão moral. A consciência em relação ao sentido do que nos leva a fazer o que é certo (a) tem autoridade absoluta, mas, em relação ao sentido de nosso julgamento quanto ao que é certo, (b) é uma mistura de intuições indiscutíveis e processos altamente discutíveis de raciocínio ou de submissão à autoridade. E nada deve ser tomado como intuição, a não ser que nenhum homem de bem jamais tenha pensado em questionar. Aquele que apenas "sente" que abstinência total de bebida ou de casamento é obrigatória deve ser tratado como o que "sente que está certo" de que Shakespeare não escreveu *Henrique VIII* ou de que as vacinas não fazem bem. A simples convicção indiscutível só existe quando axiomas estão envolvidos – e essas visões não são axiomas.

Portanto, começo anulando uma posição pacifista que, provavelmente, ninguém defende, mas que poderia muito bem ser sustentada – a alegação de saber, com base na intuição imediata, que matar um ser humano, em qualquer circunstância, é um mal absoluto. Posso debater com alguém que chegue ao mesmo resultado por raciocínio ou por autoridade. Quanto aos que alegam que não chegaram a essa opinião, mas partiram dela, só podemos dizer que não têm essa intuição que afirmam. Confundiram opinião – ou, o que é mais provável, paixão – com intuição. Sem dúvida, seria muito rude dizer-lhes isso. Para essas pessoas só podemos dizer que, se não forem idiotas morais, então, infelizmente, o resto da raça humana é, e isso inclui os melhores e mais sábios, e não há argumentação possível entre grupos tão distantes.

Tendo tratado desse caso extremo, volto a cogitar sobre como decidir questões morais. Vimos que todo julgamento moral envolve fatos, intuição e raciocínio, e, se formos sábios o bastante para sermos humildes, envolverá também certo respeito pela autoridade. A força dessa autoridade depende da força desses quatro fatores. Assim, caso eu verifique que os fatos com que trabalho são claros e pouco discutíveis, que a intuição básica é inequivocadamente uma intuição, que o raciocínio que relaciona essa intuição ao julgamento específico é forte, e que estou em acordo ou (na pior das hipóteses) em desacordo com a autoridade, então, posso ter confiança razoável em meu julgamento moral. Se, além disso, tenho poucos motivos para supor que uma paixão influenciou secretamente meu pensamento, essa confiança se confirma. Se, por outro lado, vejo que os fatos são duvidosos, que a suposta intuição não é, de forma alguma, óbvia a todos os homens de bem, que o raciocínio é fraco e que a autoridade está contra mim, devo, então, concluir que é provável que eu esteja errado. E, se a conclusão a que cheguei acaba por satisfazer uma paixão em mim, aí minha suspeita deve se transformar em certeza moral. Com a expressão "certeza moral" quero indicar aquele grau de certeza próprio das decisões morais, já que em nosso caso não tratamos da certeza matemática. Passo a aplicar esses testes ao seguinte julgamento:

"É imoral obedecer à sociedade civil à qual pertenço quando ela me manda servir na guerra"!

Primeiro, os fatos. O principal, aceito por todas as partes, é que a guerra é muito desagradável. A principal afirmação, tomada como fato pelos pacifistas, é que a guerra sempre causa mais mal do que bem. Vejamos se isso é verdade. Essa afirmativa pertence à classe das generalizações históricas que envolvem comparação entre consequências reais de um evento e as possíveis consequências caso ele não tivesse ocorrido. A frase "As guerras não resultam em nenhum bem" envolve a ideia de que, se os gregos tivessem cedido diante de Xerxes e os romanos, de Aníbal, o curso da história talvez fosse melhor, mas com toda certeza não seria pior do que a realidade; que o mundo mediterrâneo em que o poder de Cartago sucedesse ao da Pérsia seria pelo menos tão bom, feliz e frutífero para toda a posteridade quanto foi o verdadeiro, em que Roma sucedeu à Grécia. Não quero dizer que parece extremamente improvável que alguém pense assim, mas sim que as duas opiniões não passam de especulação, não há meio lógico de se convencer ninguém de nenhuma delas. Na verdade, é duvidoso afirmar que todo o conceito de "o que teria acontecido", ou seja, de possibilidades não realizadas, é mais do que uma técnica de imaginação para apresentar um relato retórico do que realmente aconteceu.

Afirmar que nenhum bem resulta das guerras está tão longe de ser um fato que mal pode ser considerado opinião histórica. A questão também não se resolve com as "guerras modernas". Como saber se o resultado total seria melhor ou pior caso a Alemanha tivesse dominado, ou não, a Europa em 1914? Claro que nenhuma guerra resulta nem em metade do bem que seus líderes alegam que trará. Nada traz metade do bem – e talvez nem a metade do mal – que se espera. Esse parece ser um argumento forte para não se fazer propagandas muito radicais. Não é, entretanto, argumento contra a guerra. Se o fato de a Alemanha dominar a Europa em 1914 fosse um mal, então, a guerra que impediu tal feito foi, digamos, justificada. Alegar que não foi justificada porque não acabou com as favelas e com o desemprego é como se um homem que acabasse de escapar de um tigre faminto dissesse: "Não vi vantagem nenhuma, continuo sofrendo de reumatismo!".

No teste dos fatos, então, considero a posição pacifista muito fraca. Parece-me que a história apresenta tanto guerras úteis quanto inúteis. Se tudo que se apresenta contra a frequente aparência de utilidade não passa de mera especulação quanto ao que poderia ter acontecido, então, não me convence.

Passo, a seguir, à intuição. Não há discussão quanto a ela; o único perigo é confundir intuição com conclusão, que precisa de debate. Procuramos algo que nunca tenha sido negado por um homem de bem, buscamos o que todos sabem. A intuição relevante parece ser que o amor é bom e o ódio, mau, ou que ajudar é bom e prejudicar é mau.

Precisamos avaliar, em seguida, se o raciocínio após essa conclusão conduz, ou não, ao pacifismo. O primeiro aspecto que noto é que a intuição só poderá levar aos atos se for limitada de alguma forma. Não podemos *simplesmente* fazer o bem a homens *simples*, devemos fazer a todos. E se fizer o bem de *uma forma*, não poderá, ao mesmo tempo, fazer de *outra*. Caso faça a *esses* homens, não poderá fazer também *àqueles*. Desde o início, portanto, a lei do benefício envolve deixar de fazer o bem a alguns homens em algum momento. Vêm daí determinadas regras relacionadas à ajuda que, pelo que sei, jamais foram contestadas: ajudar primeiro a quem prometemos ajudar e só depois aos outros; primeiro a quem nos fez o bem, em detrimento daqueles com quem não temos obrigações; socorrer o compatriota e só depois o estrangeiro; primeiro o parente e então o simples compatriota. Com muita frequência isso implica ajudar A em detrimento de B, que se afoga enquanto puxamos A para cima da tábua de salvamento. Mais cedo ou mais tarde isso chegará ao ponto de que ajudar A representa certo grau de violência contra B. E, quando B prejudica A, podemos não fazer nada (o que vai contra a intuição) ou podemos ajudar um e prejudicar o outro. E, com toda certeza, a consciência de ninguém dirá para ajudar B, a parte culpada. Resta, portanto, ajudar A. Suponho que todos concordamos até este ponto. Se não quisermos que o argumento chegue a uma conclusão antipacifista, devemos escolher entre duas opções. Diremos que a violência contra B só será legítima se não chegar a provocar a morte ou que matar indivíduos é legítimo, mas o assassinato em massa provocado pela guerra não é.

Com relação à primeira, estou de acordo com a proposição generalizada de que B sofrer menos violência é sempre preferível, desde que seja eficiente para detê-lo e resulte em benefícios equivalentes para todos os envolvidos, inclusive para B, cujas queixas são inferiores às dos outros envolvidos, mas ainda assim existem. Entretanto, não concluo que matar B seja sempre errado. Em determinadas circunstâncias, numa comunidade pequena e isolada, por exemplo, a morte pode ser o único meio de restrição. Em qualquer comunidade, o efeito da morte sobre a população, não apenas como meio de constranger pelo medo, mas também como expressão da importância moral de certos crimes, pode ser valioso. Quanto a B, considero que o fim de um homem perverso será equivalente, seja na execução semanas após o crime, ou no hospital da penitenciária, 20 anos depois. Não estou produzindo argumentos para mostrar que a pena de morte é certamente correta; estou apenas afirmando que nem sempre é errada. Trata-se de assunto em que homens de bem costumam ter opiniões diferentes.

No caso da segunda opção, a posição parece muito mais clara. Pode-se discutir se sempre é possível lidar satisfatoriamente com o criminoso excluindo-se a pena de morte. É certo que só se pode impedir uma nação de se apossar do que quiser por meio da guerra. Também é quase igualmente certo que a absorção de determinadas sociedades por outras é um mal maior. A doutrina que afirma que a guerra é sempre o mal maior parece levar à ética materialista, à crença de que a morte e o sofrimento são o que existe de pior. Não penso assim. Acredito que a supressão de uma religião mais elevada em favor de outra, inferior, ou até de uma cultura secular elevada por uma interior, seja um mal muito maior. Não me afeta muito, também, o fato de muitos indivíduos atingidos na guerra serem inocentes. Em determinado aspecto, isso torna a guerra melhor, não pior. Dois soldados, em lados opostos, cada um convicto de que seu país está com a razão, tendo deixado de lado seu egoísmo, dispostos a se sacrificar. Não me parece que um matar o outro no calor da batalha seja o acontecimento mais terrível neste mundo muito terrível. Claro que um deles (pelo menos) tem de estar errado. E claro que a guerra é um mal muito grande, mas a questão não é essa. É descobrir se ela é o que de pior pode acontecer neste mundo, a tal ponto que qualquer situação resultante da submissão seja, com toda certeza, preferível a ela. E, na realidade, não vejo nenhum argumento irrefutável nesse sentido.

Outra tentativa de chegar à conclusão pacifista com base na intuição é mais política e calculista. A guerra não é o maior dos males, mas, mesmo assim, é um grande mal; portanto todos devemos acabar com ela se possível for. Cada guerra leva a uma outra, então devemos tentar extirpá-las. Precisamos aumentar o número de pacifistas mediante propaganda, até que haja pacifistas suficientes para impedir que as nações se engajem em guerra. Parece trabalho de loucos. Apenas as sociedades liberais toleram pacifistas. Nelas, eles serão suficientes para acabar com a beligerância ou não. Nesse caso, a propaganda não adiantou. No outro, acabaram de entregar o Estado que tolera os pacifistas nas mãos do vizinho totalitário que não os tolera. Esse tipo de pacifismo é o caminho certo para um mundo que não tolera pacifistas.

Pode-se perguntar se, sendo tão fraca a esperança de acabar com as guerras pelo pacifismo, há esperança. A questão, porém, pertence a um tipo de pensamento que me é muito estranho. Consiste em assumir que basta encontrar a cura para acabar com todos os grandes sofrimentos permanentes; por eliminação, conclui que o que sobrar, por mais improvável que pareça ser uma cura, terá, assim mesmo, que ser. Surge daí o fanatismo de marxistas, freudianos, eugenistas, espiritualistas, sindicalizados, vegetarianos, e todos os outros. Mas não recebi confirmação de que conseguiremos acabar com o sofrimento. Creio que os melhores resultados são obtidos por aqueles que trabalham em silêncio rumo a seus objetivos, tais como abolição do comércio escravocrata, reforma penitenciária, leis para a indústria, tratamento de tuberculosos, e não pelos que acreditam poder alcançar justiça, saúde e paz universais. Creio que saber viver consiste em combater cada mal iminente da melhor forma possível. Impedir ou adiar, por meio de política sábia, uma guerra específica, ou deixar um conflito mais curto pela força ou habilidade, ou menos terrível mediante a demonstração de misericórdia aos vencidos e aos civis, será mais útil do que todas as propostas de paz universal feitas até hoje, assim como o dentista que acaba com a dor de dente merece mais crédito do que todos os que pensam que elaboraram uma fórmula para produzir uma raça sem problemas de saúde.

Assim, não vejo qualquer motivo muito claro nem irrefutável para concluir, partindo do princípio geral do benefício, que devo desobedecer caso as autoridades me convoquem para servir nas Forças Armadas. Passo, agora, a tratar da autoridade, que é especial ou geral, e, ainda, humana ou divina.

A autoridade humana especial sob a qual me encontro é a sociedade a que pertenço. Ao declarar guerra, essa sociedade decidiu agir contra o pacifismo nesse caso específico e, por suas instituições e práticas por séculos, decidiu contra o pacifismo em geral. Se eu for pacifista, terei contra mim Arthur e Aelfred, Elizabeth e Cromwell, Wallpole e Bruke. Também estarão contra mim minha universidade, minha escola e meus pais. Na mesma situação se encontra a literatura de meu país, e não posso nem abrir *Beowulf*, Shakespeare, Johnson e Wordsworth sem que me reprovem. Bem, claro que a autoridade da Inglaterra não é absoluta. Mas há uma diferença entre autoridade conclusiva e a que não tem qualquer peso. Os homens podem discordar quanto ao peso que dão à autoridade quase unânime da Inglaterra. Não pretendo aqui analisar esse peso, mas apenas comentar que, qualquer que ele seja, será contra o pacifismo. E, sem dúvida, meu dever de respeitar essa autoridade aumenta pelo fato de eu estar em débito com a sociedade devido a meu nascimento e crescimento, pela educação que me permitiu ser pacifista e pelas leis tolerantes que me permitem manter minha opinião.

Tratamos, então, da autoridade humana especial. A sentença da autoridade humana geral também é clara. Desde o começo da história até o naufrágio do *Terris Bay*, o mundo ecoa louvores à guerra justa. Para continuar pacifista, será necessário dizer adeus a Homero e a Virgílio, a Platão e a Aristóteles, a Zaratustra e a Bhagavad Gita, a Cícero e a Montaigne, à Islândia e ao Egito. Desse ponto de vista, sou quase tentado a responder ao pacifista com as palavras de Johnson a Goldsmith: "Não, senhor, se o senhor não pretende adotar a opinião universal da humanidade, então não tenho mais nada a dizer".

Estou consciente de que, embora Hooker pensasse que "a geral e perpétua voz dos homens é como a sentença do próprio Deus", muitos que a ouvem dão pouca ou nenhuma atenção a ela. Esse desprezo pela autoridade humana pode ter duas raízes. Pode derivar da crença de que a história humana é um movimento simples e não linear do pior para o melhor – a chamada fé no progresso – de modo que toda geração será, em todos os aspectos, sempre mais sábia do que todas as que a precederam. Para quem acredita nisso, os ancestrais são sempre ultrapassados e não parece nada improvável afirmar que o mundo ia mal até anteontem e agora, de repente, ficou certo. Confesso que não tenho como argumentar com esses, pois não compartilho do pressuposto básico. Defensores do progresso têm razão quando mostram que o novo modelo de uma máquina suplanta o anterior. A partir daí, inferem erroneamente que existe a mesma substituição em coisas como virtude e sabedoria.

Mas a autoridade humana pode ser avaliada em terreno bem diverso. O cristão pacifista, pelo menos, pode alegar que a raça humana é decaída e corrompida, de modo que nem o consenso de grandes e sábios mestres humanos e de grandes nações separadas no tempo e em lugar oferece qualquer indicação do que é o bem. Tendo estabelecido esse ponto, passemos ao próximo, a autoridade Divina.

Considerarei a autoridade Divina apenas nos termos do cristianismo. Dentre as outras religiões civilizadas, acredito que apenas uma – o budismo – seja genuinamente pacifista. De qualquer forma, não as conheço o suficiente para falar delas de maneira proveitosa. E, quando nos voltamos para o cristianismo, vemos que o pacifismo se baseia quase que exclusivamente em certas palavras de nosso Senhor. Se essas palavras não estabelecem a posição pacifista, será inútil tentar basear nelas o *securus judicat* da cristandade como um todo. Procurando orientação nelas, descubro que a autoridade, no todo, está contra mim. No documento de autoridade imediata sobre mim, os Trinta e Nove Artigos da Igreja Anglicana, encontro escrito, preto no branco: "É correto os cristãos pegarem em armas e lutarem nas guerras, caso ordenado pelos Magistrados". Dissidentes podem rejeitar isso; então, posso citar a história dos presbiterianos, que não é, de forma alguma, pacifista. Papistas talvez não aceitem;

então, cito a orientação de Tomás de Aquino: "Até os príncipes têm o direito de defender suas terras pela espada contra a perturbação interna, e também está com eles o dever de defendê-las de inimigos exteriores com a espada". Ou, caso você prefira a autoridade dos pais da Igreja, apresento Santo Agostinho: "Se o discipulado cristão reprovasse a guerra por completo, então, esta seria a primeira resposta quando procurassem o conselho para a salvação nos Evangelhos – jogar fora as armas e se negarem por completo a ser soldados. Mas foi dito: 'Não façam violência a ninguém e contentem-se com seu salário'. Ao [João Batista] dizer para se contentarem com o soldo, não os proibiu de serem soldados". Mas, se eu fosse examinar vozes individuais, não chegaria ao fim. Todas as organizações que se declaram Igreja, ou seja, alegam sucessão apostólica e aceitam os Credos, constantemente abençoam o que consideram exércitos justos. Doutores, bispos e papas – inclusive, penso, o atual [Pio XII] – repetidas vezes desaprovaram a posição pacifista. Também não acredito existir uma palavra sequer nesse sentido nos escritos dos apóstolos, que são mais antigos do que os Evangelhos e representam, caso alguma coisa represente, a cristandade original, da qual os Evangelhos são produto.

Toda a defesa cristã para o pacifismo se baseia, portanto, em proclamações de domingo, tais como: "Não resistam ao mal: se alguém bater em sua face direita, ofereça-lhe também a esquerda". Passo a tratar como cristão quem afirma que isso deve ser tomado ao pé da letra. Não preciso comentar – pois com certeza alguém já comentou – que o cristão que seguir essa ordem literalmente terá que fazer o mesmo com todas as outras instruções difíceis de nosso Senhor. Ninguém deixará de respeitar aquele que age assim, que em todas as ocasiões deu o que era pedido e, por fim, ofereceu todos os seus bens aos pobres. Com essa pessoa eu discutiria, pois não considero digno de resposta aquele inconsistente que segue as palavras de nosso Senhor *à la rigueur* quando elas o livram de uma obrigação, e as toma relativamente quando exigem que se torne pobre.

Há três formas de interpretar a ordem de "oferecer a outra face". Uma é a pacifista: literal, impõe o dever de não resistir a ninguém, em nenhuma circunstância. Outra é uma interpretação minimizadora: a ordem não significa o que diz, é apenas uma maneira orientalmente hiperbólica de dizer que devemos suportar muitas coisas e ser tolerantes. Eu e você concordamos em rejeitar essa visão. O conflito, então, reside entre a interpretação pacifista e uma terceira que vou propor. Acredito que o texto significa exatamente o que diz, mas entendo que há uma reserva para os casos obviamente excepcionais que todo ouvinte aceitaria como exceção, sem que ninguém falasse nada. Ou, explicitando de forma mais lógica, penso que o dever de não resistir se relaciona a ofensas *simpliciter*, porém, sem preconceito contra tudo que talvez tenhamos que aceitar mais tarde como ofensas *secundum quid*. Ou seja, caso os únicos fatores relevantes sejam a ofensa que sofri e meu desejo de me vingar, então, o cristianismo ordena a absoluta mortificação desse desejo. Não pode haver o menor lugar em nosso íntimo para aquela voz: "Ele fez isso comigo, vou fazer o mesmo com ele". O problema, contudo, é outro quando surgem outros fatores. Ninguém pode acreditar que os ouvintes de nosso Senhor tenham entendido que Ele se referia a um maníaco homicida que, ao tentar fazer a terceira vítima, me dava um soco para me tirar do caminho e eu devia me afastar e deixar que o assassino chegasse à vítima. É impossível em qualquer medida que eles o tenham entendido assim. Também não acredito que tenham entendido que Ele considerava que a melhor forma de educar uma criança era deixá-la bater nos pais toda vez que fizer birra ou dar o mel para quem já pegou a geleia. Creio que o significado das palavras era perfeitamente claro: "Se for apenas um homem bravo por ter sido ferido, aplaque sua raiva e não revide", e os ouvintes entenderam que o magistrado atacado por um indivíduo comum, seja pelo pai, pelo filho, professor, um aluno, por um louco, um soldado, pelo inimigo público, enfim. Nesses casos, o dever será bem diferente, porque há outras motivações além da retaliação egoísta para revidar. Na verdade, como os ouvintes eram indivíduos comuns em uma nação desarmada, parece improvável que tenham entendido que nosso Senhor se referia à guerra. Não estavam pensando nisso. Tinham em mente os conflitos cotidianos entre vizinhos.

Esse é meu principal motivo para preferir essa interpretação à de vocês. Toda palavra deve ser tomada no sentido natural no momento e no lugar em que foi pronunciada. Além disso, penso que, tomada assim, fica em maior harmonia com as palavras de São João Batista aos soldados e com o fato de uma das poucas pessoas a quem nosso Senhor elogiou sem reservas ter sido um centurião romano. Permite também que eu considere o Novo Testamento consistente com ele mesmo. São Paulo aprovou o uso da espada pelas autoridades (Romanos 13:4), e São Pedro fez o mesmo (1 Pedro 2:14). Se as palavras de nosso Senhor forem tomadas no sentido corrompido que os pacifistas as tomam, seremos forçados a concluir que o verdadeiro sentido delas, oculto aos que viviam na mesma época e no mesmo lugar que Ele, escolhidas por Ele para levarem Sua mensagem ao mundo, assim como a seus sucessores, foi, por fim, encontrado em nosso tempo. Sei que há quem não tenha dificuldade para acreditar nessa hipótese, assim como há gente pronta a defender que o verdadeiro significado de Platão ou de Shakespeare, oculto aos contemporâneos e sucessores imediatos, teve a virgindade preservada para os avanços ousados de um ou dois professores da atualidade. Mas não posso aplicar a questões divinas um método de exegese que rejeitei com desprezo em meus estudos profanos. Qualquer teoria que se baseie em um suposto "Jesus histórico", elaborado a partir dos Evangelhos, e que depois seja colocada em oposição aos ensinamentos cristãos é suspeita. Têm havido muitos Jesus históricos: um Jesus liberal, um Jesus pneumático, um Jesus *barthiano*, um Jesus marxista. São o restolho da lista de cada editor, como novos Napoleões e as novas rainhas Vitória. Não é para tais fantasmas que olho em busca de fé e de salvação.

A autoridade cristã, portanto, não endossa minha pesquisa sobre o pacifismo. Resta indagar se, caso eu continue pacifista, eu deveria suspeitar da influência secreta de uma paixão. Espero que me entendam bem. Não pretendo fazer coro às zombarias que a imprensa popular faz a quem defende a posição de vocês. Permitam-me dizer, ao concluir, que acho improvável que haja alguém aqui menos corajoso do que eu. Mas quero dizer também que não existe homem tão virtuoso que se sinta insultado ao ser convidado a avaliar a possibilidade de que uma paixão influencia sua decisão quando precisa escolher entre grande felicidade e muito sofrimento. Não nos enganemos. Tudo o que tememos de todo tipo de adversidade se manifesta na vida de um soldado na ativa, como uma enfermidade ameaça trazer dor e morte. Como a pobreza ameaça com um abrigo precário, frio, fome e sede. Como a escravidão traz trabalho árduo, humilhação, injustiça e governo arbitrário. Como no exílio, força a separação dos seres amados. Como nas galés, aprisiona em espaço exíguo com pessoas incompatíveis. Ameaça *todo* mal deste mundo – exceto a desonra e a perdição final, e os que suportam tudo não apreciam mais do que vocês apreciariam. Por outro lado, embora não seja culpa de vocês, é fato que o pacifismo não acarreta quase nenhuma ameaça. Sim, certa humilhação pública, vinda de gente cuja opinião vocês desprezam e com quem não se encontram sempre, humilhação logo compensada pela aprovação mútua que existe, inevitavelmente, em todo grupo minoritário. De resto, há a oferta da continuação da vida que vocês conhecem e amam, entre as pessoas e no ambiente que conhecem e amam. Há tempo para estabelecer a base de uma carreira; de qualquer forma, vocês dificilmente conseguirão evitar conquistar os empregos pelos quais os soldados dispensados um dia procurarão em vão. Vocês não precisam nem ao menos temer, como talvez precisaram temer os pacifistas na guerra passada, que a opinião pública se volte contra vocês quando chegar a paz. Já aprendemos que, embora o mundo demore para perdoar, esquece rápido.

Eis, então, por que não sou pacifista. Tentei ser, encontrei base de fatos muito duvidosa, um obscuro treino do raciocínio, um peso da autoridade humana e da autoridade Divina contra mim e terreno bem sólido para suspeitar que meus desejos haviam direcionado minhas decisões. Como disse, decisões morais não aceitam certeza matemática. Talvez, no fim das contas, o pacifismo esteja certo. Mas me parece muito difícil, muito mais difícil do que eu me importar de ter a voz de quase toda a humanidade contra mim.

2

O fundamento do pensamento do século xx (1941)

Como disse Emerson em algum lugar, descobrir que existimos é um desastre. Quero dizer, é um desastre quando, em vez de apenas olhar para uma rosa, somos forçados a pensar em nós mesmos olhando para ela, com certo tipo de mente e certo tipo de olhar. É desastroso porque, se não tomarmos muito cuidado, a cor da rosa será atribuída a nossos nervos ópticos e o perfume, a nosso nariz, e, no fim, não haverá mais rosa. Os filósofos profissionais se ocupam desse "apagão" universal há mais de duzentos anos, e o mundo não lhes dá muita atenção. O mesmo desastre, contudo, vem acontecendo agora em um nível que todos podemos entender.

Recentemente, "descobrimos que existimos" em dois novos sentidos. Os freudianos descobriram que existimos como pilhas de complexos. Os marxistas descobriram que existimos como membros de uma classe econômica. Antes, supunha-se que, se algo parecia verdadeiro para cem homens, então, era provavelmente um fato. Hoje, os freudianos recomendam que você vá e analise os cem homens: você descobrirá que todos pensam que Elizabeth I é uma grande rainha, porque todos sofrem de complexo materno. O pensamento deles foi maculado de modo psicológico desde a raiz. Já os marxistas dirão para examinar os interesses econômicos dos cem. Você descobrirá que todos pensam que a liberdade é boa porque são membros da burguesia, cuja prosperidade aumenta em uma política de *laissez-faire*. O pensamento desses foi "ideologicamente maculado" desde a raiz.

Bem, tudo isso é obviamente muito engraçado, mas nem sempre ficou claro que há um preço a pagar. As pessoas que fazem essas afirmações precisam responder a duas perguntas. A primeira é: *todos* os pensamentos foram maculados dessa forma ou só alguns? A segunda é: o fato de o pensamento ser maculado invalida-o, no sentido de torná-lo falso, ou não?

Se afirmarem que *todos* os pensamentos foram maculados, então, evidentemente, devemos lembrar que o freudianismo e o marxismo são tão sistemas de pensamento quanto a teologia cristã ou o idealismo filosófico. Freudianos e marxistas estão no mesmo barco que nós, e não podem nos criticar a distância. Eles serraram o galho em que estavam assentados. Se, por outro lado, afirmarem que a mácula não precisa invalidar o pensamento deles, então ela não precisa invalidar o nosso também. Nesse caso, eles pouparam o galho deles, mas acabaram poupando o nosso também.

A única linha que eles podem seguir afirma que alguns pensamentos foram maculados e outros, não

– que têm a vantagem (se é que freudianos e marxistas consideram isto vantagem) de sempre ter sido a convicção de todo homem são. Assim, no entanto, precisamos identificar os maculados e os não maculados. Não vale dizer que os maculados são os que coincidem com os desejos secretos de quem pensou. *Algumas* das coisas em que eu gostaria de acreditar têm de ser verdade; é impossível organizar um universo que contraria os desejos de todo mundo, em todos os aspectos e em todos os momentos. Suponha que, depois de ter feito minhas contas, eu verifique que tenho uma grande quantia no banco. E suponha que você queira descobrir se isso é um desejo meu. Você jamais chegará a uma conclusão se apenas examinar minhas condições psicológicas. Sua única chance de descobrir a verdade é sentar e verificar as minhas contas. Depois de conferir meus números, e só então, você saberá se eu possuo o saldo ou não. Se minha aritmética estiver correta, qualquer elucubração a respeito de minhas condições psicológicas será perda de tempo. Se minhas contas estiverem erradas, então pode ser relevante uma explicação psicológica dos motivos que me levaram a errar tanto, e a doutrina do desejo oculto pode vir a ser relevante – mas somente *depois* que você fizer as somas e descobrir que eu errei em um terreno puramente aritmético. O mesmo acontece em todo pensamento e em todos os sistemas de pensamento. Tentar descobrir quais foram maculados usando apenas especulação sobre os desejos dos pensadores implica somente fazer de si mesmo um tolo.

É necessário encontrar terreno lógico onde é possível, de fato, encontrar argumentos. Depois, caso você queira, prossiga e tente descobrir as causas psicológicas do erro.

Em outras palavras, é necessário mostrar *que* a pessoa está errada antes de começar a explicar *por que* está errada. O método moderno é assumir sem discussão *que* ela está errada e depois desviar a atenção dela disso (a única questão real) graças a uma extensa explicação de por que ela se tornou tão tola. Testemunhei esse vício tantas vezes nos últimos quinze anos que inventei um nome para ele. Eu o chamo bulverismo. Um dia, vou escrever a biografia de seu inventor imaginário, Ezekiel Bulver, cujo destino foi determinado quando ele tinha 5 anos e ouviu a mãe dizer para o pai – que afirmava que dois lados de um triângulo somados eram maiores do que o terceiro lado –: "Ah, você diz isso *porque é homem*". "Naquele instante", E. Bulver nos conta:

> [...] raiou em minha mente receptiva a grande verdade: a refutação não é parte necessária do argumento. Finja que seu oponente está errado, explique o erro dele e terá o mundo a seus pés. Tente provar que ele está errado ou (pior ainda) tente descobrir se ele está certo ou errado, e a dinâmica nacional de nossa era jogará você contra a parede.

Foi assim que Bulver se tornou um dos construtores do século XX.

Vejo por toda parte os frutos da descoberta dele. Minha religião acaba desprezada com base no fato de que "o pároco de vida confortável é que tinha motivos para assegurar aos trabalhadores do século XIX que a pobreza seria recompensada no mundo porvir". Não há dúvida de que o pastor tinha seus motivos. Presumindo que o cristianismo seja um erro, encontro facilmente pessoas que têm motivos para inculcar essa ideia. É tão comum que posso, claro, fazer o jogo oposto e dizer que "o homem moderno tem todos os motivos para tentar se convencer de que não existem sanções eternas para a moralidade que ele rejeita". Pois o bulverismo é um jogo realmente democrático, no sentido de que todos podem jogá-lo o tempo todo e de que ele não confere privilégios injustos à pequena minoria ofensiva que raciocina. Mas é claro que, com ele, não avançamos um centímetro sequer para decidir se a religião cristã é verdadeira ou falsa. Essa questão permanece aberta para ser discutida em terrenos muito diferentes – é uma questão com argumentos filosóficos e históricos. Qualquer que seja a decisão, os motivos indevidos de alguns, tanto para acreditar quanto para não crer, permanecerão como eles são.

Noto a ação do bulverismo em toda discussão política. Os capitalistas devem ser péssimos economistas, porque sabemos o motivo de eles quererem o capitalismo. Do mesmo modo os comunistas: eles são péssimos economistas porque sabemos a razão de eles quererem o comunismo. Há, então, bulveristas nos dois lados. Claro que, na realidade, as doutrinas capitalistas ou as comunistas são falsas, ou ambas; mas só é possível descobrir o que é certo e o que é errado pelo raciocínio – nunca por ser rude com a psicologia de seu oponente.

O raciocínio só terá papel efetivo nos assuntos humanos quando o bulverismo for extinto. Cada lado quer ser o primeiro a usá-lo como arma contra o outro; e nisso a razão sai desacreditada. E por que a razão não seria depreciada? Seria fácil, como resposta, apontar a situação mundial presente, mas a verdadeira resposta é ainda mais imediata. As próprias forças que desacreditam a razão dependem do raciocínio. É preciso raciocinar inclusive para bulverizar. Você quer *provar* que todas as *provas* são inválidas. Se falhar, falhou. Se for bem-sucedido, o fracasso será maior, pois a prova de que todas as provas são inválidas também precisa ser inválida.

A alternativa fica entre a asneira que contradiz a si mesma e a firme confiança em nosso raciocínio, resistente a todas as evidências que os bulveristas apresentem de "defeito" em um ou outro humano que raciocina. Estou pronto a admitir, casos vocês desejem, que essa firme confiança tem algo de transcendental ou de místico. E aí? Vocês preferem ser lunáticos ou místicos?

Vemos, então, justificativa para continuar acreditando na Razão. Mas será possível fazer isso sem o teísmo? "Eu sei" implica a existência de Deus? Tudo que sei é inferência das sensações (exceto o momento presente). Todo nosso conhecimento do universo, além de nossas experiências imediatas, depende de inferências dessas experiências. Caso nossas inferências não resultem em discernimento da realidade, então, não há o que fazer. Uma teoria não pode ser aceita se não permitir que nosso pensamento seja um genuíno discernimento nem se o fato de nosso conhecimento não puder se explicado nos termos daquela teoria.

Nossos pensamentos, porém, só podem ser aceitos como genuíno discernimento sob certas condições. Todas as crenças têm causas, mas deve-se estabelecer a distinção entre 1) causas comuns e 2) um tipo especial de causa chamada "razão". As causas são eventos não da mente, que podem produzir outros resultados que não a crença. Razões derivam de axiomas e de inferências e só influenciam as crenças. O bulverismo tenta mostrar que o outro tem causas e não razões e que nós temos razões e não causas. Uma crença relacionada apenas a causas não tem valor. Não podemos abandonar esse princípio quando consideramos crenças que servem de base a outras crenças. Nosso conhecimento depende da certeza que temos em relação aos axiomas e às inferências. Se eles forem resultado das causas, então não há conhecimento possível. Ou não conhecemos nada, *ou* o pensamento tem apenas razões e não causas.

3

As pessoas conversam melhor quando ninguém diz "vamos conversar" (1942)

Quando li na *Time and Tide* de 6 de junho [1942] que os alemães haviam trocado Siegfried por Hagen como herói nacional, poderia ter gargalhado, satisfeito. Sou um romântico que se deleitou com os Nibelungos, confesso, em particular na versão de Wagner para a história, desde um verão ensolarado na adolescência quando ouvi em um gramofone pela primeira vez *Cavalgada das Valquírias* e vi as ilustrações de Arthur Rackham para *O Anel do Nibelungo*. Até hoje sinto o cheiro dos livros, como a carícia de um primeiro amor. Foi, portanto, um momento amargo os nazistas se apossarem de meu tesouro e o tornarem parte de sua ideologia. Mas agora tudo ficou certo. Eles não conseguiram digerir meu tesouro. Só puderam ficar com ele mantendo a história na mente e transformando em herói um dos vilões de menor importância. Sem dúvida, a lógica da posição deles os levará para mais longe ainda, e Alberich será anunciado como a verdadeira personificação do espírito nórdico. Enquanto isso, devolveram-me o que tinham roubado.

A menção ao espírito nórdico me faz pensar que a tentativa deles de se apropriar de *O Anel do Nibelungo* é somente um exemplo da tentativa maior de se apropriar de tudo o que é "nórdico", e essa iniciativa é tão ridícula quanto a outra. Que direito têm os que se dizem poderosos de afirmar que adoram Odin? A essência da religião escandinava é ser a única entre todas as mitologias que convocavam os homens a servirem a deuses que admitiam lutar acossados e que, no final, seriam, com certeza, derrotados. "Parto para morrer com Odin", disse o personagem da fábula de Stevenson[1], provando, assim, que Stevenson entendeu algo do espírito nórdico que os alemães nunca conseguiram entender. Os deuses cairão. A sabedoria de Odin, a coragem humorística de Thor e a beleza de Balder serão destruídas pela *Realpolitik* de gigantes estúpidos e *trolls* deformados. Mas isso em nada altera a fidelidade de qualquer homem livre. Assim, como seria de esperar, a verdadeira poesia germânica versa sobre atos heróicos e a luta contra situações de desamparo.

A essa altura dei-me conta de que havia me deparado com um paradoxo digno de nota. Por que os únicos europeus que tentaram reviver sua mitologia pré-cristã como uma fé viva foram também os que se mostraram incapazes de entender os princípios elementares da

---

1. Essa frase faz parte da obra de R. L. Stevenson, "Faith, Half-Faith, and No Faith", publicada pela primeira vez em *The Strange Case of Dr. Jekyll and Mr. Hyde with other Fables* (Londres, 1896).

mitologia? O retrocesso seria deplorável, em qualquer caso – exatamente como um adulto que tentasse voltar ao *ethos* de quando fazia curso pré-vestibular. Mas seria esperado que ele conhecesse, pelo menos, a regra de não roubar e que os meninos novos não devem ficar o tempo todo com as mãos no bolso. Sacrificar o bem maior pelo menor e depois não conseguir nem o menor – eis a tolice surpreendente. Vender o direito de nascença por uma mitologia complicada e depois entender a mitologia erradamente – como foram fazer isso? Fica bem claro que eu (que prefiro pintar meu rosto em tinta óleo azul do que sugerir que Odin existe) extraio de Odin todo bem e toda diversão que ele pode dar, enquanto os nazistas odinistas não recebem nada disso.

Ainda assim, enquanto meditava sobre isso, pensei que talvez não fosse um paradoxo tão grande quanto parece à primeira vista. Ou, pelo menos, é um paradoxo tão frequente que já deveríamos ter nos acostumado com ele. Outros exemplos passaram a vir à minha mente. Até época bem recente – creio que até o romantismo – ninguém jamais sugeriu que a literatura e as artes fossem um fim nelas mesmas. Elas "pertenciam à parte ornamental da vida", forneciam "diversão inocente", ou "refinavam nossas maneiras", "incentivavam a virtude", ou glorificavam os deuses. As maiores melodias foram compostas para as missas, as maiores pinturas preenchiam o espaço da parede na sala de jantar de um patrono nobre ou estimulavam a devoção fervorosa nas igrejas; as maiores tragédias foram produzidas por poetas religiosos em honra a Dionísio ou por poetas comerciais para entreter os londrinos em momentos de folga. Só no século XIX descobrimos toda a dignidade da arte. Passamos a "levá-la a sério", como os nazistas fizeram com a mitologia. Mas parece que o resultado foi um deslocamento da vida estética, deixando apenas obras intelectuais que cada vez menos gente quer ler, ouvir ou ver, e obras "populares" que leva tanto os que as produzem quanto os que as apreciam a se sentir meio envergonhados. Exatamente como os nazistas, valorizando demais um bem real, mas subordinado, chegamos perto de perder o verdadeiro bem.

Quanto mais observava isso, mais eu suspeitava que tinha me deparado com uma lei universal. *On cause mieux quand on ne dit pas Causons.*[2] A mulher que coloca um cão como o centro de sua vida acaba perdendo não apenas a utilidade e dignidade como ser humano, mas abrindo mão do próprio prazer de cuidar de um cachorro. O homem que faz do álcool seu principal bem perde não somente o emprego, mas o paladar e toda a capacidade de desfrutar dos níveis iniciais (os únicos que dão prazer) da intoxicação. É maravilhoso sentir, por um instante ou dois, que todo o sentido do universo se encontra sintetizado em uma mulher – maravilhoso enquanto outros deveres e prazeres obrigam você a se afastar dela. Porém, se organizar a vida de forma a não fazer nada além de contemplá-la (às vezes, isso é possível), o que acontece? Claro que a lei já foi descoberta, mas será redescoberta. Ela

---

2. As pessoas conversam melhor quando ninguém diz "vamos conversar".

pode ser colocada da seguinte forma: toda escolha de um bem menor em detrimento do maior, ou do bem parcial em lugar do total, resultará na perda do bem menor ou do parcial pelo qual se fez o sacrifício.

O mundo, aparentemente, foi feito assim. Se Esaú realmente recebeu o guisado de lentilhas em troca do direito de primogenitura (Gênesis 25), então, ele foi uma exceção feliz. Não é possível conseguir aquilo que é secundário quando o colocamos em primeiro lugar; para consegui-lo é preciso colocar as primeiras coisas no primeiro lugar. Segue-se, então, que a questão: "Quais são as primeiras coisas?" não se restringe aos filósofos, mas é importante para todos.

Nesse contexto, é impossível deixar de investigar o que nossa civilização vem pondo em primeiro lugar nos últimos trinta anos. E a resposta é clara: ela mesma. Preservar a civilização é o objetivo maior; seu colapso, o pior bicho-papão. Paz, alto padrão de vida, higiene, transporte, ciência e diversão, tudo isso, em que pensamos ao falar em civilização, tem sido nossa meta. Pode-se argumentar que a preocupação com a civilização é muito natural e necessária, já que ela corre grande risco. Mas e se a verdade for o outro lado da moeda: e se ela estiver em perigo exatamente por que fizemos dela nosso *summum bonum*? Talvez não seja possível preservá-la dessa forma. Talvez a civilização só fique segura se passarmos a nos preocupar mais com outra coisa do que com ela.

Alguns fatos apoiam essa hipótese. No tocante à paz (um dos ingredientes de nossa ideia de civilização), creio que hoje muitos concordarão comigo: a política externa dominada pela busca da paz é uma das muitas vias que levam à guerra. E a civilização só passou a correr perigo mais seriamente depois que se tornou o único alvo da humanidade. Há muita idealização precipitada das eras passadas, e não a desejo encorajar mais. Nossos ancestrais, como nós, eram cruéis, lascivos, avarentos e estúpidos. Contudo, preocupavam-se com outras coisas além da civilização, em diferentes épocas, por diferentes coisas, como a vontade de Deus, a glória, a honra pessoal, a pureza doutrinária, a justiça, e a civilização não corria risco de desaparecer.

Vale a pena pensar nessa sugestão. Com certeza, se for verdade que a civilização só estará segura quando for colocada em segundo lugar, uma questão surgirá imediatamente: segundo em relação a quê? O que estará em primeiro lugar? A única resposta que encontro é que, se não sabemos, então, a primeira coisa a se fazer, a única verdadeiramente prática, será nos dedicarmos a descobrir.

4

Igualdade (1943)

Sou democrata porque acredito na Queda do ser humano. Acho que a maioria das pessoas é democrata pelo motivo oposto. Grande parte do entusiasmo democrata resulta das ideias de gente como Rousseau, que acreditava na democracia por pensar que a humanidade é tão sábia e boa que todos merecem participar do governo. O perigo de defender a democracia nesses termos é que nada disso é verdade. E, toda vez que a fragilidade é exposta, os que preferem a tirania se beneficiam. Verifico que eles não falam a verdade sem precisar olhar para nada além de mim mesmo. Não mereço participar nem do governo de um galinheiro quanto mais de uma nação. E a maioria das pessoas também não merece – todos aqueles que acreditam em propaganda, que criam palavras de ordem e que espalham boatos. A verdadeira razão para a democracia é exatamente o oposto. A humanidade caiu tanto que ninguém pode exercer sobre os outros um poder sem controle. Aristóteles disse que algumas pessoas só servem para serem escravas. Não discordo dele, mas rejeito a escravidão porque não vejo ninguém qualificado para ser senhor de escravos.

Isso traz uma visão de igualdade bem diferente da que nos foi ensinada. Não acredito que ela seja um daqueles elementos (como sabedoria ou felicidade) que são bons por si e por causa deles mesmos. Creio que seja como a medicina, boa porque estamos doentes, ou como as roupas, boas porque deixamos de ser inocentes. Não penso que a antiga autoridade de reis, sacerdotes, maridos ou pais, e a antiga obediência de súditos, leigos, esposas e filhos eram, por si mesmas, degradantes ou perniciosas. Acredito que eram, intrinsecamente, algo bom e belo, como a nudez de Adão e Eva. A nudez foi corretamente banida porque o ser humano se tornou mal e abusou dela. A tentativa de retomá-la agora levaria ao mesmo erro cometido pelos nudistas. A igualdade nas leis e na economia é absolutamente necessária como remédio para a Queda e proteção contra a crueldade.

O remédio, porém, não é bom. A igualdade pura e simples não encontra respaldo espiritual. Um vago reconhecimento desse fato nos leva a considerar a propaganda política tão vazia. Queremos ser arrebatados por algo que não passa de oposto da vida boa. E é por isso que a imaginação das pessoas se prende a apelos ao desejo de desigualdade, quer em forma romântica nos filmes sobre cortesãos ou na forma brutal da ideologia nazista. O tentador sempre age em fraquezas *reais* de nosso sistema de valores: oferece alimento para alguma necessidade nossa.

Ao deixar de considerar a igualdade um remédio, ou arma de segurança, e passar a vê-la como ideal, começamos a desenvolver o pensamento distorcido e invejoso que abole todo tipo de superioridade. Tal pensamento é a enfermidade característica das sociedades privilegiadas. Se não for controlada, acabará matando todos nós. Aquele que não consegue imaginar obediência alegre e leal por um lado nem a aceitação nobre dessa obediência por outro, aquele que nunca nem sentiu vontade de se ajoelhar ou se curvar, esse não passa de simples bárbaro. Mas seria tolice mal-intencionada restaurar as desigualdades no plano legal ou externo. Seu lugar adequado é outro.

Desde a Queda, precisamos nos vestir. Mas em nosso interior, no que Milton chamou de "esses disfarces problemáticos"[1], queremos que o corpo nu, ou seja, o *verdadeiro* corpo, esteja vivo. Desejamos que ele apareça em ocasiões oportunas: na suíte nupcial, na privacidade do banho e (claro) quando uma emergência, médica ou não, exigir. De forma semelhante, sob o necessário disfarce exterior da igualdade jurídica, encontra-se a dança hierárquica e a harmonia de nossa profunda desigualdade espiritual, que aceitávamos com alegria. É lá, sem dúvida, em nossa vida como cristãos, lá, sendo leigos, que podemos obedecer – ainda mais que o sacerdote não tem autoridade sobre nós na esfera política. Está em nossa relação com pais e professores – principalmente porque se

---

1. John Milton, *Paraíso perdido* (1667), livro IV, linha 740.

trata de reverência voluntária e espiritual. Acontece também no casamento.

Este último ponto requer explicações. Os homens abusaram de tal forma de seu poder sobre as mulheres no passado que para as esposas, especialmente elas, a igualdade está em perigo de parecer um ideal. Naomi Mitchison, porém, acertou em cheio o foco do problema. Tenham quanta igualdade quiserem – quanto mais, melhor – nas leis que regulam o casamento; contudo, aceitem a desigualdade em certo nível, ou melhor, tenham prazer na desigualdade, ela é uma necessidade *erótica*. Mitchison comenta sobre mulheres que defendem tanto a ideia de igualdade que se ressentem até mesmo de um abraço masculino. Com isso, destroem casamentos.[2] Essa é a tragicomédia da mulher moderna. Freud ensinou que o ato do amor é o que há de mais importante nesta vida; em seguida, o feminismo tolheu a entrega total, a única forma de alcançar pleno sucesso emocional. Mesmo falando apenas do prazer erótico, certo grau de obediência e de humildade por parte da mulher parece (normalmente) ser necessário.

O erro, aqui, tem sido confundir todas as formas de afeto com a forma especial que chamamos de amizade, que, com certeza, implica igualdade. Isso não acontece com os vários tipos de amor dentro da família. Amigos não são o foco principal um do outro. A amizade nasce quando fazemos alguma coisa

---

2. Naomi Mitchison, *The Home and a Changing Civilisation* (London, 1934), capítulo 1, pp. 49-50.

juntos – pintar, velejar, orar, filosofar, lutar lado a lado. Amigos olham na mesma direção. Amantes olham um para o outro, ou seja, em direções opostas. Não dá certo transferir fisicamente tudo que pertence a um tipo de relacionamento para o outro.

Nós, britânicos, devemos nos alegrar por ter alcançado um nível de grande democracia nas leis (ainda precisamos progredir na economia) sem perder nossa monarquia cerimonial. Pois ali, bem no centro de nossa vida, reside o que satisfaz nosso anseio por desigualdade e age como lembrança permanente de que remédio não é alimento. Portanto, a reação de um homem à monarquia é um tipo de teste. É fácil fazer pouco caso dela, mas preste atenção no rosto dos que o fazem, repare no sotaque deles. São pessoas que perderam a raiz primária que tinham no Éden: não são alcançados pela polifonia, pela dança – homens para quem uma porção de pedras alinhadas é mais bonita do que um arco bem construído. Mesmo que desejem a simples igualdade, não conseguirão alcançá-la. Onde homens são proibidos de honrar um rei, honram milionários, atletas ou astros de cinema, ou até mesmo prostitutas ou gângsteres famosos. Pois a natureza espiritual, assim como a física, será atendida de uma forma ou de outra. Negue a ela o alimento e ela se servirá do veneno.

Por isso toda essa questão tem importância prática. Toda intrusão do espírito que diz "sou tão bom quanto você" em nossa vida pessoal e espiritual deve encontrar resistência tão firme quanto a que encontram em nossa política a burocracia e os privilégios. Apenas a hierarquia interna impede a igualdade externa. Outros ataques românticos à democracia surgirão. Só estaremos seguros se entendermos no coração tudo que os antidemocratas podem dizer e tivermos respostas melhores do que as deles. A natureza humana não suportará permanentemente a igualdade simples, caso ela se estenda do campo político que lhe cabe para áreas mais concretas e reais. Precisamos nos *vestir* de igualdade. Mas, todas as noites, devemos nos despir dela.

5

Três tipos de homem (1943)

Há três tipos de pessoas no mundo. O primeiro tipo vive apenas para seu próprio prazer e benefício e considera o ser humano e a natureza nada mais do que matéria-prima para ser usada da forma que ele bem entender. O segundo tipo reconhece alguma autoridade sobre ele – a vontade de Deus, o imperativo categórico ou o bem da sociedade – e honestamente tenta buscar seus próprios interesses até onde essa autoridade permite. Tenta entregar à autoridade o que ela exige, como o cidadão que paga impostos, na esperança, como acontece com os contribuintes, de que o que sobrar seja suficiente para seus gastos. A vida, nesse caso, se divide, como a do soldado ou do estudante, em "de serviço" e "de folga", "em aulas" e "de férias". O terceiro tipo, porém, é o que diz, como São Paulo, que "o viver é Cristo" (Filipenses 1:21). Essas pessoas resolveram o problema difícil de ajustar as exigências opostas do ego e de Deus com um expediente simples: rejeitaram todas as exigências do ego. O velho egoísmo foi revirado, recondicionado e transformado em algo novo. A pessoa não se sente limitada pela vontade de Cristo, pois sua vontade é a de Cristo. Todo o tempo deles pertence a Ele, e, como eles pertencem a Cristo, o tempo lhes pertence.

Como existem três tipos de pessoas, toda divisão simples do mundo em duas partes como bem e mal é um desastre, pois ignora que os membros do segundo grupo (ao qual pertence a maioria das pessoas) vivem sempre e necessariamente infelizes. O preço que a consciência moral cobra por nossos desejos não nos deixa viver felizes. Enquanto estivermos nesse grupo, sentiremos culpa por não ter pago o preço ou penúria porque o fizemos. A doutrina cristã de não haver "salvação" por obras realizadas segundo a lei moral é um fato da experiência cotidiana, que insiste em se manifestar. Não conseguimos, contudo, avançar apenas com nossos próprios esforços. Se o novo Eu, a nova Vontade, não surgir em nosso interior como Deus quer, não somos capazes de produzi-los sinteticamente.

Sob certo aspecto, o preço de Cristo é muito mais fácil do que o esforço moral – basta querê-lo. É verdade que o próprio desejo estaria além de nossas forças, a não ser por um fato. O mundo é feito de tal forma que, para nos ajudar a deixar de lado nossa própria satisfação, ela é que nos deixa. Guerra, problemas e, por fim, a velhice tiram de nós, uma a uma, todas as coisas que o Eu natural desejava no início. Implorar é nossa única sabedoria, e a carência no fim facilita nos tornarmos pedintes. A Misericórdia nos receberá até mesmo nesses termos.

6

"Terríveis coisas vermelhas" (1944)

Muitos teólogos e alguns cientistas estão prontos a declarar que o "conflito entre ciência e religião" do século XIX foi resolvido. Mesmo que estejam certos, no entanto, só os verdadeiros teólogos e cientistas sabem disso – ou seja, uma pequena elite intelectual. Para o homem comum o conflito continua perfeitamente real, e em sua mente toma uma forma que os intelectuais nem imaginam.

As pessoas comuns não pensam em dogmas e descobertas científicas específicos. O que as perturba é a diferença completa entre a atmosfera do que elas acreditam ser cristianismo e o quadro geral do universo que elas recebem por viver na presente era científica. No Credo, elas aprendem que Deus tem um "Filho" (como se fosse um deus semelhante a Odin ou a Júpiter), que esse Filho "desceu" (como um paraquedista) do "Céu", primeiro para a Terra e depois para um lugar dos mortos situado abaixo da superfície terrestre. Depois, ainda, ascendeu ao céu e assumiu Seu lugar em uma cadeira enfeitada, colocado ao lado direito do trono de Seu Pai. Tudo parece indicar um céu material e local, um lugar na estratosfera, uma terra plana e todo o resto dos conceitos antigos errados.

O homem comum sabe bem que devemos negar todas essas implicações e interpretar o Credo de forma diferente. Mas isso não o satisfaz de forma alguma. "Sem dúvida", pensa ele, "já que os artigos de fé se encontram lá, podem se tornar alegorias ou ser espiritualizados do jeito que quisermos". Não está claro, entretanto, que não existiriam se a primeira geração de cristãos tivesse a mínima noção de como o verdadeiro universo é? O historiador que baseou seu trabalho na leitura errada de um documento pode, mais tarde (quando o engano for a público), usar sua habilidade para mostrar que seu relato de determinada batalha pode ainda ser reconciliado com os registros do documento. Mas o importante é que nenhuma das explicações bem elaboradas teria existido se ele tivesse lido corretamente os documentos. Elas são, portanto, esforço jogado fora; o historiador seria muito mais respeitável se reconhecesse seu erro e recomeçasse o trabalho.

Acredito que os cristãos precisam fazer duas coisas para convencer o homem "comum". Em primeiro lugar, precisam deixar bem claro que o que ficará do Credo após as explicações e reinterpretações ainda será algo claramente sobrenatural, milagroso e chocante. Podemos não acreditar em um planeta achatado e em um palácio no céu. Precisamos, porém, insistir, desde o início, que acreditamos, com tanta firmeza quanto qualquer indígena ou teósofo, no mundo espiritual que pode invadir, e invade, o universo natural ou o extraordinário. O homem simples desconfia de que, quando começamos a explicar, explicamos demais; que temos a mitologia para ouvintes ignorantes e que, caso acuados por ouvintes intelectuais, reduzimos os argumentos a frases feitas inócuas que ninguém nunca pensa em negar. E há teólogos que confirmam essas suspeitas. Devemos nos afastar completamente deles. Se restar apenas o que pode ser declarado sem fórmulas cristãs, então a atitude mais honesta é admitir que o cristianismo não é verdadeiro e que é melhor começar de novo, sem ele.

Em segundo lugar, devemos tentar ensinar um pouco sobre a diferença entre pensar e imaginar. Claro, é um erro histórico supor que todos ou até mesmo que a maioria dos primeiros cristãos acreditavam que existia um palácio no céu no mesmo sentido em que cremos no sistema solar. A Igreja rejeitou o antropomorfismo no mesmo instante em que ele foi explicitamente colocado diante dela. Alguns dos primeiros cristãos, porém, podem ter feito isso e, provavelmente, milhares nunca pensaram na fé sem as imagens antropomórficas. É por isso que precisamos fazer distinção entre o âmago da fé e as imagens secundárias.

Sempre que penso em Londres me vem à mente a estação Euston. Mas eu não penso que Londres *é* a estação. Trata-se de um caso simples, porque aqui o pensador *sabe* que a imagem é falsa. Vejamos um exemplo mais complexo. Certa vez, ouvi uma senhora dizer à filha que, se engolisse muitos comprimidos de aspirina, morreria. "Por quê?", perguntou a menina. "Quando a gente esfarela os comprimidos não encontra aquelas coisas vermelhas terríveis dentro deles." Obviamente, a menina, ao pensar em veneno, via não apenas a imagem secundária de "coisas vermelhas terríveis", como realmente acreditava que todo veneno era vermelho. E isso é um erro. Mas até que ponto isso invalida o que ela pensa sobre veneno? Ela havia aprendido que overdose de aspirina poderia matar; sua fé era verdadeira. Sabia, dentro de certos limites, quais das substâncias da casa da mãe eram venenosas. Se eu me hospedasse na casa, fosse beber um copo de algo parecido com água e a menina falasse: "Não beba! Mamãe disse que é veneno", eu estaria sendo tolo em deixar de dar atenção a ela pensando: "Essa garota tem uma ideia arcaica e mitológica sobre veneno, acha que é uma coisa vermelha terrível".

Assim, há distinção não apenas entre pensamento e imaginação em geral, mas também entre o pensamento e as imagens que a pessoa crê (erradamente) serem verdadeiras. Quando a criança, mais tarde, aprender que nem todo veneno é vermelho, ela não sentirá qualquer alteração essencial em suas opiniões sobre os venenos. Continuará sabendo, como sempre soube, que veneno é aquilo que mata se engolirmos. Essa é a essência do veneno. A opinião errada sobre a cor vai embora sem afetar o essencial.

De forma semelhante, um dos primeiros cristãos, camponês, poderia pensar que Cristo sentado à direita do Pai significava realmente dois tronos, em certa relação de espaço, dentro de um palácio no céu. Se, mais tarde, o mesmo homem recebesse educação filosófica e descobrisse que Deus não tem corpo, membros ou paixões e, por isso, não pode ter mão direita nem palácio, ele não sentiria que a essência de sua fé seria alterada. O que importava, mesmo naqueles dias de simplicidade, não eram os detalhes imaginados dos móveis do céu. O essencial era a certeza de que o Mestre crucificado era agora o Agente supremo do Poder inimaginável de quem o universo todo depende. E ele reconheceria que nisso jamais fora enganado.

O crítico pode continuar questionando o uso das imagens – que admitimos ser incorretas. O que ele não notou é que qualquer linguagem que tentarmos adotar no lugar da anterior envolverá imagens sujeitas ao mesmo tipo de objeções. Dizer que Deus "entra" na ordem natural envolve exatamente o mesmo volume de imagens espaciais que dizer que Ele "desceu". Houve apenas uma substituição do movimento vertical (ou indefinido) por um horizontal. Afirmar que ele foi reabsorvido no campo das ideias é melhor do que dizer que Ele "subiu" ao Céu somente se a imagem de algo se dissolvendo em fluido aquecido ou sendo tragado em uma garganta trouxesse menos engano do que a imagem de um pássaro, ou de um balão, subindo pelos ares. Toda linguagem, exceto as que envolvem sentidos, é sempre metafórica. Dizer que Deus é uma "Força" (ou seja, algo como um vento ou um dínamo) é metáfora semelhante a chamá-lo de Pai ou de Rei.

Nesses casos podemos tornar a linguagem mais elaborada e insípida; não podemos torná-la mais literal. A dificuldade não se restringe aos teólogos. Cientistas, poetas, psicanalistas e metafísicos estão todos no mesmo barco: "O raciocínio humano tem dívidas profundas para com os sentidos".[1]

Onde, então, traçamos a linha entre "explicar" e "dar satisfação"? Não vejo grande dificuldade. Tudo que se relaciona às atividades não encarnadas de Deus – Sua ação no plano que os sentidos não penetram – deve ser tomado como as imagens que sabemos ser, no sentido literal, incorretas. Não há defesa, contudo, para dispensar o mesmo tratamento aos milagres do Deus Encarnado. Esses foram registrados como eventos nesta Terra, que afetaram os sentidos humanos. São o tipo de coisa que podemos descrever literalmente. Se Cristo transformasse a água em vinho em nossa presença, veríamos, cheiraríamos e provaríamos. A história que resultou não é da mesma ordem de "sentar à direita do Pai". É fato, lenda, ou mentira. Precisamos aceitar ou deixar de lado.

---

1. Robert Bridges, *The Treatment of Beauty*, livro I, linha 57.

7

Educação democrática (1944)

Segundo Aristóteles, educação democrática não é a que agrada os democratas, mas, sim, aquela que preserva a democracia. Só conseguiremos pensar com clareza na educação quando entendermos que as duas coisas não andam, necessariamente, juntas.

    Por exemplo, a educação que não privilegia crianças capazes e esforçadas em detrimento das menos inteligentes e preguiçosas é, em certo sentido, democrática. É igualitária, e democratas apreciam igualdade. Em *Alice no país das Maravilhas*, a corrida de comitê, em que todos os competidores ganham e recebem prêmios, é "democrática": como a Ordem da Jarreteira, não aceita a idiotice do mérito.[1] A igualdade total no ensino ainda não foi recomendada sem restrições. Começa a surgir, no entanto, um movimento nessa direção. É o que pode ser visto na crescente exigência de as matérias em que alguns alunos se saem muito

---

1. A Ordem da Jarreteira foi instituída em 1344 pelo rei Eduardo III. É a ordem mais elevada de cavaleiros. Lewis tinha em mente o comentário feito por lorde Melbourne (1779-1848): "Gosto da Garter, não há nela nenhuma droga de mérito".

melhor do que outros deixem de ser obrigatórias. No passado, foi o latim. Hoje, conforme vejo em uma carta publicada em um jornal, é a matemática. Ambas matérias conferem "vantagem injusta" a determinados alunos. Em certo sentido, portanto, acabar com elas é democracia.

Claro que não há motivo para ficar na extinção de apenas essas duas matérias. Para sermos consistentes, precisamos ir além. Será necessário acabar com *todas* as matérias obrigatórias; e o currículo terá que ser tão amplo que "todo aluno terá chance em alguma matéria". Até quem não aprende, ou não quer aprender a ler, poderá ser elogiado e mimado por *algum motivo* – artesanato, ginástica, liderança ou comportamento moral, cidadania no cuidado de porquinhos-da-índia, *hobbies*, apreciação musical, enfim, por qualquer coisa que ele quiser. Então, nenhuma criança nem seus pais, precisarão se sentir inferiores.

O ensino pautado por essas diretrizes agradará aos sentimentos democráticos, pois terá eliminado as desigualdades naturais. Mas trata-se de questão muito diferente produzir uma nação democrática capaz de sobreviver, ou cuja sobrevivência seja desejável.

Não há necessidade de tratar com profundidade a impossibilidade de sobrevivência de uma nação educada desse modo. Obviamente, só escapará à destruição caso seus rivais e inimigos forem cordatos a ponto de adotar o mesmo sistema. Uma nação de gente estúpida só estará segura em um mundo de gente estúpida.

Contudo, a questão do sistema ser ou não desejável é mais interessante.

A exigência de igualdade nasce de duas fontes. Uma é das mais nobres, a outra faz parte das emoções humanas mais inferiores. A fonte nobre é o desejo de justiça, mas a outra é o ódio à superioridade. No momento presente seria muito irreal ignorar a importância desta última. Há, em todas as pessoas, a tendência (passível de correção apenas por bom ensino exterior e persistentes esforços morais interiores) a se ressentir da existência do que é mais forte, sutil ou melhor do que elas mesmas. No caso de gente sem controle e brutal, isso se solidifica como ódio implacável e desinteressado por todo tipo de excelência. O vocabulário de cada época conta a história. Há motivos para alarme diante da imensa popularidade atual de expressões como "mente brilhante", "alto nível", "à moda antiga", "acadêmico", "realizado" e "complacente". No sentido usado hoje, elas são enfermidades: dá para sentir o veneno ao engolir cada uma.

O tipo de ensino "democrático" que já está surgindo é ruim, porque busca propiciar paixões malignas, satisfazer a inveja. Há dois motivos para evitar isso. Em primeiro lugar, você não alcançará sucesso. A inveja é insaciável. Quanto mais você concede a ela, mais ela exigirá. Não há atitude humilde que você tenha a possibilidade de adotar que ajude a homem com complexo de inferioridade. Em segundo lugar, você está tentando introduzir igualdade onde ela é fatal.

A não ser na matemática, a igualdade não passa de conceito social. Aplica-se ao ser humano como animal político e econômico. Não há lugar para ela no mundo da mente. A beleza não é democrática. Ela se mostra mais para poucos, não para muitos, mais para os que a buscam com persistência e disciplina do que para os despreocupados. A virtude também não é democrática – só a alcançam os que a buscam mais ardentemente do que os outros. A verdade não é democrática; ela requer talentos e esforços especiais daqueles a quem ela concede seus favores. A democracia política estará condenada caso tente estender sua exigência de igualdade a essas esferas mais elevadas. Democracia ética, intelectual ou estética resulta em morte.

O ensino verdadeiramente democrático, que preservará a democracia, precisa ser, em seu próprio campo, implacavelmente aristocrático, sem medo de cuidar das "mentes brilhantes". Ao esboçar o currículo, devem ter sempre em vista principalmente os interesses dos alunos que querem e são capazes de aprender (com poucas exceções, o mesmo aluno que quer é o que é capaz de aprender. Quase sempre, o aluno obtuso é aquele que não *quer* aprender). Em certo sentido, o ensino precisa subordinar os interesses dos muitos aos dos poucos, e a escola à universidade. Só assim poderá alimentar o intelecto dos alunos de primeira classe, sem os quais nem a democracia, nem qualquer outro Estado, pode florescer.

Você poderá perguntar: "E o que vai ser dos alunos sem inteligência? O que acontecerá com nosso Tommy, tão sensível, que não gosta de matemática e de gramática? Ele vai ser brutalmente prejudicado em benefício dos filhos das outras pessoas?" Eu respondo: "Minha senhora, você está muito enganada quanto aos verdadeiros desejos e interesses de Tommy. É o 'sistema aristocrático' que lhe dará o que ele realmente quer. Se me permite dizer, Tommy se sentirá muito bem tirando as menores notas, sentado no fundo da sala, mascando chiclete e conversando *sotto voce* com os colegas, de vez em quando agindo mal e sendo punido. O tempo todo absorverá a atitude tão característica de intransigência jocosa diante da autoridade que é nossa principal proteção contra a transformação da Inglaterra em um Estado servil. Quando crescer, ele não será como Porsons[2], mas o mundo tem lugar para muito mais Tommys do que Porsons. Há dezenas de empregos (com salário muito melhor do que os dos intelectuais) em que Tommy poderá ser útil e feliz, com um benefício sem preço que poderá desfrutar: saberá que não é inteligente. A distinção entre ele e os de mente brilhante já ficara evidente no parquinho da escola quando ele dava socos nas cabeças que continham os cérebros mais inteligentes. Terá certo respeito por eles. Aceitará, com alegria, que, embora possa "acabar" com os intelectuais num jogo de golfe, eles sabem e fazem coisas que ele jamais conseguirá. Ele será um pilar da democracia. Dará aos espertos apenas a vantagem suficiente.

---

2. Richard Porson (1759-1808), filho do pároco de East Ruston, perto de North Walsharn (Inglaterra), demonstrou, desde pequeno, memória extraordinária. Com a ajuda de vários protetores, estudou em Eton e na Trinity College, em Cambridge. Tornou-se professor de grego em Cambridge, 1792.

O que você quer, porém, privará Tommy de toda essa liberdade, a vida privada como parte da oposição constante que é o que ele deseja. Ele já foi prejudicado quando perdeu o verdadeiro prazer de jogar na hora em que os jogos se tornaram obrigatórios. Será que você deve se intrometer ainda mais? Se, no meio de uma aula de latim que visa a seu bem, ele se contenta em esculpir um barco em um pedaço de madeira escondido embaixo da carteira, será bom para ele se descobrirmos seu "talento" e o matricularmos em aula de entalhamento em madeira, transformando o que era diversão em mais uma aula? Acha que ele ficará grato? Metade da graça de esculpir o barco reside no fato de envolver resistência à autoridade. Será certo privá-lo do prazer – sem o qual nenhuma verdadeira democracia pode existir? Dê nota ao *hobby*, torne-o oficial, iluda o pobre garoto, fazendo-o acreditar que o que está fazendo envolve tanta inteligência 'a seu modo' quanto as verdadeiras aulas. O que acha que acontecerá? Ele descobrirá a verdade assim que estiver no mundo real. Talvez se decepcione, pois você transformou a criatura simples e íntegra em um tolo, e ele ficará ressentido com a inferioridade que, se não fosse por você, não o perturbaria. Certo prazer na raiva, uma determinação para não ser muito abalado são freios valiosos para planejamentos precipitados e controle importante para oficiais inferiores: inveja, afirmar que "sou tão bom quanto você", cria terreno propício para o fascismo. Você está eliminando o primeiro e incentivando o outro. A democracia requer que os inferiores não levem os superiores muito a sério; ela morre quando fica repleta de inferiores que pensam que são superiores.

8

Um sonho (1944)

Eu ainda penso (com todo respeito aos freudianos) que a confluência de irritações durante o dia é que foi a responsável por meu sonho.

O dia já começou mal, com uma carta de L. contando sobre sua irmã. A irmã de L. está grávida, faltam poucos meses para o bebê nascer. É o primeiro filho, e na idade dela isso é motivo de preocupação. L. contou que, segundo a lei – se é que isso pode se chamar de lei –, a irmã só poderá contratar uma empregada doméstica se tiver um emprego. Pode tentar amamentar o bebê e cuidar dele desde que assuma todo o serviço da casa, o que a impedirá de cuidar bem do filho ou acabará provocando a morte dela. Como alternativa, ela pode contratar uma empregada, desde que assume um emprego, o que a obrigará a deixar de cuidar do bebê.

Assentei-me para escrever uma carta para L., comentando que o problema da irmã dele era muito difícil, mas o que ele poderia esperar? Nós nos encontramos em meio a uma batalha de vida ou morte. As mulheres que poderiam ajudar a irmã dele foram todas conduzidas a serviço mais essencial. Tinha chegado exatamente a esse ponto quando um barulho alto na rua me fez dar um pulo da cadeira e ir até a janela ver o que estava acontecendo.

Era a WAAF[1]. Não havia máquinas de escrever nem vassouras, baldes, panelas, caldeirões, mas um desfile cerimonial. Havia banda e até uma garota fazendo acrobacias como em paradas do tempo de paz. Para mim, não é o exercício mais belo para o corpo feminino, contudo preciso dizer que ela se saiu muito bem. Dava para perceber que havia se esforçado e dedicado muito tempo para treinar. Mas foi aí que o telefone tocou.

Era W., um homem que trabalha muito em uma profissão muito necessária. A escassez de seus momentos de lazer e a raridade da distração conferem uma aura de santidade a todos os compromissos com ele: por isso, há mais tempo do que me lembro, todos os meses nos encontramos, na primeira quarta-feira do mês, à tarde. É lei do tempo dos medos e persas. Ele telefonou para dizer que não poderá me encontrar nesta quarta-feira, faz parte da *Home Guard*, e seu pelotão foi chamado para treinar, ao fim da tarde (após o dia de trabalho), marcha cerimonial em ritmo lento. Perguntei se poderíamos nos encontrar na sexta-feira. Não dava, o pelotão seria levado para uma palestra sobre assuntos europeus e a participação era obrigatória. "Pelo menos", disse eu, "vamos nos encontrar na

---

1. Women's Auxiliary Air Force (Força Aérea Auxiliar Feminina).

igreja, domingo." Nem isso. O pelotão – sei, por acaso, que W. é o único cristão nele – será levado para outra igreja, que fica a cinco quilômetros da nossa, e à qual W. tem sérias objeções doutrinárias. "Mas eu gostaria de saber", comentei, exasperado, "que raios todas essas tolices têm a ver com o motivo que levou você a se alistar na LDV?"[2] Mas W. já tinha desligado.

O golpe de misericórdia aconteceu naquela noite, na Common Room. Uma pessoa influente também estava lá e eu *quase* tenho certeza de ter ouvido essa pessoa dizer: "Claro que devemos manter algum tipo de alistamento depois da guerra, mas não será, necessariamente, relacionado a serviços de guerra". Então me enfiei na cama e sonhei.

No sonho, eu e várias outras pessoas compramos um navio, contratamos tripulação, capitão e partimos para o mar. Demos a ele o nome de *Estado*. Houve uma grande tempestade, o navio enfrentava dificuldades, até que, por fim, veio o brado: "Todos para as bombas! Os proprietários também!". Nosso bom senso nos levou a obedecer imediatamente, e, para nos apresentar e formar grupos para trabalhar nas bombas, levamos menos tempo do que levo para escrever. Vários oficiais subalternos, responsáveis por emergências, receberam a tarefa de nos ensinar a trabalhar e de nos manter trabalhando. No sonho, não me preocupei, nem no início, com a aparência das pessoas nobres, mas, em tal

---

[2]. Os *Local Defence Volunteers* (Voluntários para Defesa Local) foram organizados em maio de 1940, para homens de 17 a 65 anos. O objetivo era combater os paraquedistas alemães. Em dezembro de 1940, o nome passou a ser *Home Guard* e o alistamento iniciou em 1941.

momento – com o barco quase indo a pique –, quem se preocuparia com uma ninharia dessas? Trabalhamos duro o dia todo e à noite nas bombas. Pela misericórdia de Deus conseguimos manter o navio flutuando, com a proa para cima, até o tempo melhorar.

Acho que nenhum de nós esperava que os grupos nas bombas seriam dispensados naquela hora e naquele lugar. Sabíamos que talvez a tempestade ainda não tivesse realmente acabado e era melhor se preparar para qualquer eventualidade. Nem reclamamos (pelo menos não muito) ao descobrir que as paradas não diminuiriam. O que partiu nosso coração foi o que os oficiais subalternos começaram a fazer conosco quando nos colocaram na parada. Não nos ensinaram nada sobre bombear, manejar uma corda ou qualquer coisa que poderia ajudar a salvar a vida deles ou a nossa. Ou não havia mais nada a aprender, ou os oficiais não sabiam mais nada. Começaram a nos ensinar todo tipo de assunto – a história da construção naval, os hábitos das sereias, como dançar ao som da gaita de foles, assobiar e mascar tabaco. A esta altura, os oficiais subalternos (apesar das risadas da tripulação) tinham se tornado tão náuticos que toda vez que abriam a boca acabavam dizendo: "Soltem as amarras!", ou "Basta!", ou "Amarrem os cabos!".

E um dia, no meu sonho, um deles tirou o coelho da cartola. Ouvimos quando falou: "Claro que vamos manter esses grupos obrigatórios para a próxima viagem. Mas não necessariamente para trabalhar nas bombas. Pois, claro, soltem as amarras, sabemos que nunca haverá outra tempestade, entendem? Mas, já que conseguimos esses marujos, não vamos abrir mão deles. Chegou a hora de fazer desse navio o que bem queremos".

Os oficiais subalternos de emergência, porém, estavam condenados a se decepcionar. Os proprietários (no sonho, "nós", lembra?) replicaram: "O quê? Perder nossa liberdade *sem* receber segurança em troca? Foi só por causa da segurança que abrimos mão da liberdade". Então, alguém gritou: "Terra à vista!". Os proprietários, à uma, agarraram os oficiais pelo cangote e o cós da calça e os jogaram pela amurada do navio. Afirmo que, acordado, jamais aprovaria isso. A mente que sonha é, infelizmente, imoral e, no sonho, quando vi toda a confusão e os corpos fazendo *chuá* no mar azul profundo, só consegui rir.

Meu castigo foi que a gargalhada me acordou.

9

O fim da erudição (1944)

Grandes mudanças na vida de uma nação costumam passar despercebidas. Provavelmente, poucos se dão conta de que o estudo sério de inglês nas universidades da Inglaterra corre o risco de acabar. O atestado de óbito está pronto, só falta alguém assinar. Isso pode ser lido no Relatório Norwood.[1] Um esquema de ensino equilibrado tem de evitar dois males. Por um lado, os interesses dos alunos que jamais cursarão a universidade não podem ser sacrificados por um currículo baseado em exigências acadêmicas. Por outro lado, a liberdade da universidade não pode ser tolhida por permitir que as exigências dos alunos determinem

---

1. O título do "Relatório Norwood", assim chamado por causa de seu presidente, Sir Cyril Norwood, é *Curriculum and Examinations in Secondary Schools: Report of the Committee of the Secondary School Examinations Council Appointed by the President of the Board of Education in 1941* (Currículo e exames nas escolas secundárias: relatório do Comitê do Conselho de Exames da Escola Secundária nomeado pelo presidente do Conselho de Educação em 1941), publicado em 1943. Veja também o ensaio de Lewis intitulado "The Partheon and the Optative", em seu livro *Of This and Other Worlds*, cujo editor é Walter Hooper (1982). Nos Estados Unidos, o título do livro é *On Stories and Other Essays on Literature* (1982).

a forma de estudo. Foi nesta segunda armadilha que os autores do relatório caíram. Eles estão convictos de que o que chamam de "língua inglesa" pode ser ensinado por "qualquer professor" (p. 94). Protestam contra "exames externos prematuros" dessa matéria (p. 96); e eu não tenho certeza do momento em que a "maturidade" deve ser alcançada, se é que será. Não buscam estudiosos de inglês para dar aulas. As universidades recebem a instrução de "encontrar uma graduação geral que envolva inglês e [...] alguma outra matéria" (p. 97) não para que o ensino de inglês seja melhor, mas para agradar as escolas.

Nenhuma das pessoas instruídas com quem conversei duvida de que essas propostas, caso aceitas, significarão o fim do inglês como disciplina acadêmica. Uma matéria sem exames externos não levará à erudição reconhecida pelo Estado; aquela em que não há exigência de professores não gerará meio de sustento. A porta de entrada para o inglês acadêmico, e a que sai dele, foram ambas lacradas. Em todas as universidades, a faculdade de inglês, desse modo, acaba sem alunos. Sem dúvida, as maiores universidades ainda terão um professor de inglês, assim como têm de sânscrito e de grego bizantino, e, em um bom ano, quatro ou cinco alunos frequentarão as aulas. Mas a matéria estará morta como elemento importante na vida intelectual do país. Podemos, sim, esperar confiantemente pela sobrevivência do inglês erudito em outros países, em especial nos Estados Unidos e na Alemanha. Não sobreviverá aqui.

Alguns aplaudirão esse resultado. As faculdades de inglês tendem a ser incômodas. O caráter fortemente modernista e radical da Cambridge Tripos e o que foi chamado (com exagero) de inquietante tendência cristã das "Escolas" de Oxford podem ofender, cada um à sua maneira. Juntos, representam, com certeza, advertência de que, se você quiser ortodoxia produzida em massa, não deverá permitir que os jovens estudem nossa literatura nacional, pois ela é uma esfera onde *tout arrive*. Não acredito, porém, que o relatório tenha sido inspirado em tais considerações. Caso acabe com a erudição na língua inglesa, provavelmente será sem intenção; seus pontos de vista resultam de enganos bem-intencionados. O relatório defende que "qualquer professor" pode ensinar inglês claro e lógico enquanto ensina sua matéria específica. Essa observação teria sido plausível quando os membros mais idosos do relatório ainda estavam na escola. Para eles, todos os professores aprenderam os clássicos. Os resultados da disciplina em estilo inglês não foram, é verdade, tão bom quanto se costuma alegar, mas, pelo menos, removeu os piores barbarismos. Desde então, os clássicos quase foram extintos. A menos que o inglês estudado a sério ocupe o lugar deles, a língua que "qualquer professor" inculca enquanto ensina alguma outra coisa será, na melhor das hipóteses, reflexo do jornal predileto do professor e, na pior, o jargão técnico de sua matéria.

O perigo é que, por receio, as visões do relatório sejam aprovadas em geral (como, com grande probabilidade, foram formadas) sob uma falta de entendimento da verdadeira natureza da erudição em inglês. Muitos considerarão razoável examinar as crianças em geografia ou (Deus nos ajude!) em teologia, mas não em inglês, sob a alegação de que geografia e teologia nunca visaram à diversão, enquanto a literatura visou. O ensino de literatura inglesa, na verdade, é entendido como um simples acessório da "apreciação". E apreciação é, com certeza, *sine qua non*. Rir de piadas, sofrer com tragédias e chorar pelo caminho – tudo isso é tão necessário quanto aprender gramática. Nem gramática nem apreciação, porém, são o fim almejado.

O verdadeiro alvo dos estudos literários é tirar o aluno de seu provincianismo e transformá-lo em "espectador", se não de todo, pelo menos de grande parte "do tempo e da existência". O aluno, até o bem pequeno, que teve bons (e, portanto, discordantes entre si) professores para encontrar o passado no qual apenas o passado continua vivo, foi conduzido para fora da estreiteza de sua era e classe, para um mundo mais público. Aprende a verdadeira *Fenomenologia do espírito*, descobre as variedades existentes no Homem. A "História" apenas não será suficiente, pois estuda o passado principalmente com base em autoridades secundárias. É possível "fazer História" por vários anos sem, no final, saber como se sentia um *eorl* (guerreiro) anglo-saxão, um cavaleiro ou um aristocrata rural do século XVIII. O lastro da moeda será encontrado, quase com exclusividade, na literatura, na qual se encontra a libertação da tirania das generalizações e das frases feitas. Quem a estuda conhece (por exemplo) diversas realidades – Lancelote, Barão Bradwardine, Mulvaney[2] – que se escondem atrás da palavra *militarismo*. Se eu considerar as faculdades das universidades da Inglaterra as principais guardiãs (sob condições modernas) das ciências humanas, sem dúvida serei levado pela parcialidade por estudos aos quais devo muito; mesmo assim, tenho base para julgar. Fui tanto aluno quanto professor em *Literae Humaniores* e em inglês. Na Faculdade de História, confesso que fui apenas professor. Se alguém afirmar que inglês é agora a matéria mais liberal – e liberadora – das três, eu teria dificuldade para contradizer.

"Neste momento, lugar e situação", disse Musidorus, personagem de Sidney, "é nosso direito falar de forma gloriosa" – ele falava na cela dos condenados.[3] Se a Inglaterra, deixando a prática grega e romana, pretende abolir o estudo sistemático de sua própria literatura, será orgulho sincero lembrar, antes que o pior aconteça, os frutos que o estudo rendeu em sua curta existência. Eles desafiam a comparação com os frutos de todas as outras disciplinas. Nós, eruditos ingleses, existimos, se muito, há um século. Nesse período, demos a nosso país o melhor dicionário do mundo. Imprimimos grande quantidade de literatura medieval que

---

2. Sir Launcelot, dos romances do rei Arthur; Barão Bradwardine, em *Waverley*, de Sir Walter Scott (1814); Terence Mulvaney é um dos três soldados de *Soldier's Three*, de Rudyard Kipling (1888).

3. Sir Philip Sidney, *The Arcadia* (1590), livro V.

era mantida apenas em manuscritos. Estabelecemos os textos de Shakespeare. Interpretamos os de Chaucer. Transmitimos aos poetas recentes a influência dos mais antigos. Podemos chamar de nossa a rica humanidade de Raleigh, o gênio mais austero de W. P. Ker, a sabedoria paciente de R. W. Chambers e, mais antigos, gigantes como Skeat, Furnivall, York Powell, Joseph Wright. Mais recentemente, demos início, em Cambridge, a uma pesquisa sobre a natureza da literatura que só encontra precedente real na época de Aristóteles. E, o mais recente de tudo, realizamos em Oxford (antes de todas as outras faculdades de universidades) um teste para ingleses agora presos na Alemanha. Percebemos, ao ler e reler as respostas, em que falaram das muitas horas útil e deleitavelmente passadas na prisão, que o esforço trouxe inúmeras recompensas. Aqui, pensamos, estava o testemunho incontestável do valor, não apenas da "apreciação", mas de percorrer séculos de mudança de sentimentos, pensamentos e costumes. Tínhamos um bom augúrio para o futuro. À semelhança de Lancelote, não sabíamos que nosso prêmio seria a morte.

O Comitê de Educação tem mais peso do que meros eruditos e ingleses. Se resolver acabar conosco, acabará. É desejável, porém, que porção bem maior do público saiba exatamente o que está acontecendo.

10

Sentir é melhor que explicar (1945)

Hoje eu estava na oficina escura. O dia estava claro e um raio de sol penetrava por uma fenda na parte de cima da porta. Do lugar em que eu estava, o feixe de luz, com as partículas de poeira que ele revelava, era o que mais chamava a atenção naquele lugar. Tudo mais estava escuro. Eu via o raio, mas não enxergava os objetos por causa dele.

Então, mudei de lugar e o raio de sol bateu em meus olhos. A imagem anterior desapareceu imediatamente. Não via mais a oficina, nem (acima de tudo) a luz solar. Em vez disso vi, na moldura irregular formada pela fenda na porta, as folhas verdes de um ramo de árvore balançando do lado de fora e, mais longe, a quase 150 milhões de quilômetros de distância, o Sol. Olhar pelo raio e para ele são experiências diferentes.

Mas esse é um exemplo muito simples da diferença entre olhar por e para. Um rapaz conhece uma moça. O mundo todo parece diferente quando ele a vê. A voz dela o faz lembrar de alguma coisa que vem tentando lembrar a vida toda, e ele considera dez minutos de conversa informal com ela mais precioso do que os favores que todas as outras mulheres do mundo poderiam lhe conceder. Como se diz, ele está "apaixonado". Então, um cientista descreve a experiência do rapaz de uma perspectiva externa. Para ele, tudo não passa de estímulos genéticos, reconhecidos biologicamente. Essa é a diferença entre olhar *para* o impulso sexual e *por* ele.

Quando se adquire o hábito de fazer essa distinção é possível encontrar exemplos em situações comuns. Um matemático raciocina, certo de que contempla verdades atemporais e não espaciais sobre as quantidades. Entretanto o fisiologista que estuda o cérebro, se pudesse examinar o interior da cabeça do matemático, não encontraria nada fora do tempo e do espaço –, veria apenas pequenos movimentos na massa cinzenta. Silvícolas dançam, em êxtase, à meia-noite, diante de Nyonga. Acreditam que cada músculo usado na dança ajuda a trazer boas colheitas, chuvas na primavera e bebês. O antropólogo que observa os selvagens registra que eles estão realizando um ritual da fertilidade. Uma garota chora pela boneca quebrada e sente que perdeu uma amiga verdadeira; os psicólogos dizem que o instinto maternal que começa a nascer nela foi desperdiçado temporariamente num pedaço de cera moldada e colorida.

Tão logo você apreende essa distinção simples, surge uma questão. Tem a experiência de uma coisa quando olha para ela e outra quando olhamos por ela.

Qual delas é a experiência "verdadeira" ou "válida"? Qual revela mais a você do objeto olhado? E você dificilmente fará essa pergunta sem notar que, nos últimos 50 anos ou mais, todos têm tomado a resposta como certa. Deduziu-se, sem debate, que, se você quer as informações corretas sobre religião, não deve ir aos religiosos, mas deve procurar os antropólogos; se quer saber mais sobre o amor sexual deve ir até os psicólogos, e não aos amantes; se quer entender uma "ideologia" (como a dos cavalheiros medievais ou a ideia de um "aristocrata" do século XIX) não deve ouvir os que a viveram, mas, sim, os sociólogos.

Aqueles que olham *para* as coisas moldaram tudo à sua maneira; os que olham *por* elas foram, simplesmente, desprezados. Chegou-se a ponto de assumir que o relato externo de alguma coisa de alguma forma refuta ou "ridiculariza" o relato interno. "Todas essas ideias morais que parecem tão transcendentais e belas quando vistas de dentro", diz o pretensioso, "não passam de massa de instintos biológicos e tabus herdados." E ninguém age na contramão, replicando: "Se você entrar, o que parece instinto e tabu vai, de repente, revelar sua natureza real e transcendental".

Essa, de fato, é toda a base do tipo especialmente "moderno" de pensamento. E ela não é, você pode perguntar, uma base bem razoável? Afinal, muitas vezes nos enganamos por olhar algo da perspectiva interna. Por exemplo, a garota que parece tão maravilhosa quando estamos apaixonados pode ser, na verdade, sem graça, estúpida e desagradável. A dança do selvagem para Nyonga não resulta realmente em colheitas mais fartas. Tendo sido tão frequentemente enganados por olhar *por*, não estamos bem avisados para confiar somente no olhar *para*? Não deveríamos fazer isso em todas as experiências no interior?

Bem, não. Há duas objeções fatais a descartar *todas*. A primeira é que você as descarta para pensar com mais precisão. Mas você não pensa – e por isso, claro, não pode pensar com precisão – se não tem nada *sobre* o que pensar. Um fisiologista, por exemplo, pode estudar a dor e descobrir que ela "é" (o que quer que essa palavra signifique) determinados eventos neurais. A palavra *dor*, porém, só terá significado para ele quando ele estiver no "interior" por sofrer realmente. Se nunca olhou *pela* dor não saberá o *para* que está olhando. O próprio objeto de sua pesquisa exterior existe para ele porque, pelo menos uma vez, ele esteve no lado de dentro.

Esse caso provavelmente não ocorrerá, porque todo mundo já sentiu dor. No entanto, é muito possível passar a vida toda explicando religião, amor, moralidade, honra e coisas semelhantes, sem nunca penetrar em nenhum delas. E, se fizer isso, você estará apenas jogando com palavras. Você está explicando algo sem saber o que é. Por isso, grande parte do pensamento contemporâneo é, falando de modo estrito, pensamento sobre nada – todo o aparato de pensamento trabalha arduamente no vazio.

A outra objeção é: voltemos à oficina. Eu poderia ter desprezado o que vi ao olhar pelo raio de sol (as folhas se movendo e o Sol) dizendo que "tudo não passava de um raio de luz empoeirado num barracão escuro". Ou seja, eu poderia ter estabelecido minha "visão parcial" como "verdade". Mas essa visão parcial é parte da atividade que chamamos de ver e que deve ser olhada, também, do exterior. Eu poderia permitir que um cientista me dissesse que o que me parecia um raio de luz no barracão era "apenas uma agitação em meus nervos ópticos". E isso seria um ridículo tão bom (ou tão mal) quanto o anterior. A imagem do raio penetrando na oficina agora teria que ser desprezada assim como a das folhas e do Sol foram antes. E aí, onde você se encaixa?

Em outras palavras, você pode sair de uma das experiências somente por entrar na outra. Portanto, se todas as experiências internas conduzem a erro, estaremos sempre errados. O fisiologista que estuda o cérebro pode afirmar, se quiser, que o pensamento do matemático "não passa" de pequenos movimentos físicos na massa cinzenta. Mas o que dizer do cérebro do fisiologista nesse exato momento? Um segundo fisiologista, olhando para isso, poderia declarar que aquela conclusão não passa de pequenos movimentos dentro do crânio do primeiro. Essa tolice não teria fim.

O segredo é jamais permitir que a tolice comece. Precisamos, sob pena de sermos considerados estúpidos, negar, desde o início, a ideia de que olhar *para* é, por natureza, intrinsecamente mais verdadeiro ou melhor do que olhar *por*. Devemos olhar tudo das duas formas. Em casos específicos, encontraremos motivos para considerar uma delas inferior à outra. Assim, a visão interna do pensamento racional deve ser mais verdadeira do que a visão exterior que enxerga apenas movimentos na massa cinzenta, pois, se a visão exterior fosse correta, todo pensamento (inclusive este) seria sem valor, e isso é uma autocontradição. Você não pode ter uma prova que não prova nada. Por outro lado, a visão interna da dança silvícola para Nyonga pode ser considerada enganosa, porque não vemos motivo para acreditar que bebês e colheitas são afetados por ela. Na verdade, cada caso deve ser tomado em seus méritos. O importante é começar sem preconceito contra um ou outro tipo de perspectiva. Não sabemos de antemão se o amante ou o psicólogo explica melhor o amor ou se os dois estão igualmente corretos sob diferentes aspectos, ou se estão ambos igualmente errados. Precisamos descobrir. Mas o tempo de ridicularizar os outros precisa acabar.

11

Não se vive só de prazer (1945)

Há prazeres pelos quais é quase impossível prestar contas e muito difícil descrever. Experimentei um deles há pouco tempo, indo de metrô de Paddington a Harrow. Duvido ser capaz de levar você a imaginar o que senti, mas, com certeza, minha única chance de sucesso é contar, logo de início, que sou o que costumavam chamar de primo do interior. A não ser por um curto período em um hospital de Londres, durante a guerra, nunca morei lá. Como resultado, não a conheço bem, nem a considero um lugar muito comum. Ao voltar de minhas visitas, nunca sei, quando mergulho no subsolo para chegar a Paddington, se vou encontrar luz do sol de novo quando subo as escadas para o hotel, ou se vou parar em um lugar bem diferente perto do fim, ou então das plataformas de embarque. "Tudo é acaso", no que me toca; preciso estar pronto para qualquer evento, assim como para neblina, chuva ou sol.

De toda a cidade de Londres, a *terra incógnita* mais radical são os subúrbios. Swiss Cottage ou Maida Vale são para mim, se não exatamente nomes como Samarkand ou Orgunjé, pelo menos como Winnipeg ou Tobolsk. Foi esse o primeiro elemento de meu prazer. Partindo para Harrow, eu ia, enfim, enfiar-me na região misteriosa que é Londres, mas totalmente diferente da Londres que o primo do interior conhece. Dirigia-me aos lugares de Londres de onde vinham todos os que encontramos nas ruas e nos ônibus, e para onde eles voltavam. O centro de Londres é, num sentido profundo da palavra, *desabitado*. As pessoas ficam lá (creio que existem hotéis), mas poucas moram lá. É o palco; os camarins, a sala de estar dos artistas, tudo que fica "por trás do cenário" está em outro lugar – e eu ia para lá.

Talvez eu deva elaborar esse ponto para mostrar que não estou usando de ironia. Por favor, acredite que todos os vales, bosques e parques tão comuns aos londrinos são, a meus ouvidos, um tipo de encantamento. Nunca consegui entender por que o fato de viver nos subúrbios deveria ser engraçado ou desprezível. Na verdade, tento há anos completar um poema que (como tantos dos meus poemas) nunca foi além das duas primeiras linhas:

> *Quem condenou o subúrbio?*
> *"Eu", disse o Supérbio.*

Na realidade, só há uma forma de um londrino entender meu sentimento. Se ele sentir prazer, por um momento, em ver Londres como eu vejo, então esse prazer – de ver algo ao contrário, a mágica de todos os espelhos – é bem semelhante ao que sinto ao pensar nos subúrbios. Para mim, pensar neles é me ocupar de algo tão inóspito quanto Londres ser apenas o lar para outras pessoas. Todo o padrão fica pelo avesso e de cabeça para baixo.

Minha jornada começou no início da noite. O trem estava cheio, mas não desconfortavelmente cheio, de gente indo para casa. É importante enfatizar – você verá o motivo logo – que eu não tinha ilusão a respeito dessa gente. Se alguém perguntasse se eu supunha que fossem pessoas especialmente boas, felizes ou inteligentes eu responderia com um sonoro "não". Eu sabia muito bem que talvez nem 10% dos lares para onde se dirigiam seriam livres, nem ao menos por aquela única noite, de mau humor, ciúme, cansaço, tristeza ou ansiedade. Mas, ainda assim – não pude evitar – o som dos portões fechando, as portas abrindo, o cheiro indescritível de lar em todas aquelas pequenas entradas, o cabide para os chapéus –, tudo isso cruzou minha imaginação como a carícia de uma música lembrada aos poucos. Há um charme extraordinário na intimidade dos outros. Vista da estrada, toda casa iluminada é mágica: todo carrinho de bebê ou cortador de grama no jardim dos outros, todos os cheiros ou pratos assados vistos pela janela na cozinha alheia. Não pretendo espionar a intimidade dos outros. O prazer, mais uma vez, é o do espelho – ver como quem é de fora o que é, para os outros, de dentro, e perceber que você está fazendo isso. Algumas vezes se joga o jogo ao contrário.

Então outros fatores surgiram. Enquanto prosseguíamos, havia o charme de partir ao sol do fim da tarde, mas em uma fenda profunda – como se o trem nadasse na terra em vez de cruzá-la como um trem normal ou rastejar abaixo da superfície como um metrô real. Havia o charme do silêncio súbito em estações das quais eu nunca ouvira falar, onde parecíamos ficar parados muito tempo. Havia a novidade de estar em um tipo de veículo sem uma multidão e sem luz artificial. Não preciso, contudo, enumerar todos os ingredientes. O ponto é que tudo isso, junto, criou em mim um grau de felicidade que não devo tentar descrever, porque, se eu tentasse, você diria que era exagero meu.

Mas espere. "Criou" é uma expressão errada. Tudo isso não me impôs a felicidade; ela me foi oferecida. Eu tinha liberdade para aceitar ou não – como música distante, que você não precisa escutar se não quiser, como uma brisa leve deliciosa no rosto que você pode facilmente ignorar. Somos convidados a nos entregar a essas coisas. O estranho é que algo dentro de mim sussurrava que seria "sensato" recusar o convite; quase como se eu empregasse melhor meu tempo lembrando que ia realizar um trabalho que não aprecio muito e que faria uma viagem bem cansativa na volta a Oxford. Mas calei esse estraga-prazeres interior. Aceitei o convite – abri-me para o convite suave, impalpável, constante. Passei o restante da viagem num estado que só posso descrever como alegria.

Registro tudo isso não por acreditar que minha aventura, apenas minha, seja de interesse geral, mas porque suponho que algo semelhante já deve ter acontecido com a maioria das pessoas. Não é fato que a verdadeira qualidade de vida que temos – o *clima* da consciência a cada momento – tem ligação muito mais vaga ou muito mais sutil com o que costumamos chamar de vida "real"? Será que, na verdade, existem duas vidas? Na primeira figuram tudo que (se formos importantes) os biógrafos escreverão, tudo que chamamos de boa ou má sorte e pelo que recebemos parabéns ou pêsames. Mas, lado a lado com tudo isso, acompanhando tudo como um vagão fantasma que vemos pelas janelas do trem à noite, lá existe algo mais. Podemos ignorar, caso preferirmos, mas esse algo mais se oferece constantemente para entrar em nossa vida. Prazeres imensos, mal expressos em palavras, algumas vezes (se formos desatentos) nem reconhecidos ou lembrados, nos invadem.

Vem daí a felicidade irracional que algumas vezes surpreende um homem exatamente em momentos nos quais, de acordo com todas as regras objetivas, ele deveria estar mais infeliz. Você pode me perguntar se o inverso também não vale. Não existem também visitantes sombrios, horríveis, vindos dessa vida secundária – nuvens inexplicáveis quando tudo vai, como dizemos, "bem"? Creio que existem, mas, para ser franco, vejo-as em muito menor número. É mais frequente a pessoa ficar feliz do que arrasada sem causa aparente.

Se estou certo ao pensar que outros, além de mim, experimentam essa oferta ocasional e imprevista, esse convite para ir ao Éden, creio ter razão ao acreditar que os outros também conhecem o estraga-prazeres interior, o *Carcereiro*, que nos impede de aceitar. Ele tem os truques mais variados. Quando percebe que você não está preocupado em uma situação em que há possibilidade de preocupação, ele tenta convencê-lo de que, se ficar preocupado, você começa a "fazer alguma coisa" para reverter o perigo. Em cada dez vezes, nove acabam sendo besteira se preocupar. Em outros dias, o Carcereiro se torna muito moral: diz que é "egoísmo" ou "complacência" o que você está sentindo, embora, no exato momento da acusação, você possa estar se preparando para prestar o único serviço que está a seu alcance. Se descobriu um determinado ponto fraco em você, ele dirá que você está sendo "adolescente", e a isso sempre respondo que ele está se tornando tremendamente meia-idade.

Atualmente, a estratégia predileta dele é fazer confusão. Se você permitir, ele o fará acreditar que o prazer, digamos, na intimidade dos outros, tem base na ilusão. Mostrará para você evidências infinitas (isso nunca o impede) de que, se entrar em qualquer casa, você encontrará problemas escondidos. Mas ele só está tentando dificultar tudo para você. O prazer não envolve, ou não precisa envolver, qualquer ilusão. Vistas a distância, as montanhas são azuis. Continuam azuis mesmo depois que você já descobriu que essa beleza desaparece quando se aproxima delas.

O caso de serem azuis quando estão a 20 quilômetros é fato, como qualquer outro. Se vamos ser realistas, adotemos o realismo em tudo. É fato sabido que retalhos da infância recordados aos 40 anos por causa de um súbito cheiro ou som, conferem um prazer quase insuportável. Um fato é tão bom quanto o outro. Nada me convenceria a voltar a ter 14 anos: no entanto, nada me levaria a abrir mão dos momentos ricos de Proust ou Wordsworth em que essa parte do passado às vezes volta a mim.

De uma vez por todas, acho que tivemos o suficiente sobre hedonismo – a filosofia deprimente que afirma que o único bem é o prazer. Mas mal começamos o que pode ser chamado de *Hedonia*, ciência ou filosofia do prazer. Sugiro que a primeira providência da hedonia seja jogar o Carcereiro na prisão e manter as chaves em nosso poder daqui em diante. Ele tem dominado nossa mente há mais ou menos trinta anos, especialmente nos campos da literatura e da crítica literária. É um falso realista. Acusa todo mito, fantasia, romance e ilusão: para silenciá-lo precisamos ser mais realistas do que ele, aproximar os ouvidos do murmúrio da vida que realmente flui até nós a todo momento e descobrir lá todo tremor, maravilha e (em certo sentido) o infinito que a literatura chama de omissão realística. A história que nos confere a experiência mais semelhante às da vida não é necessariamente a dos eventos mais adequados às biografias e aos jornais.

12

A ética da fé pela razão (1945)

Alguns dos presentes aqui são sacerdotes, outros, líderes de organizações voltadas para a juventude.[1] Não tenho muito direito de me dirigir a nenhum dos grupos. Os sacerdotes é que me ensinam, não eu a eles. Nunca ajudei a organizar atividades com a mocidade e, quando era jovem, tentei, com sucesso, evitar "ser organizado". Se me dirijo a vocês é apenas em resposta a um pedido tão insistente que seria desobediência me negar.

Devo falar sobre apologética, que significa, claro, defesa. A primeira questão é: o que vocês pretendem defender? Obviamente, o cristianismo, como a Igreja do País de Gales, o entende. E, já de início, preciso abordar um ponto desagradável. Para os leigos, parece que, na Igreja da Inglaterra, frequentemente ouvimos nossos clérigos pregarem muitas doutrinas que não

---

1. Este ensaio foi lido em um congresso de clérigos anglicanos e líderes de mocidade da igreja do País de Gales, em Carmarthen, na Páscoa de 1945.

fazem parte do cristianismo anglicano. Essas doutrinas podem derivar do cristianismo anglicano de duas formas: (1) podem ser tão "amplas", "liberais" ou "modernas" que excluem o sobrenatural e, assim, deixam de ser cristãs; (2) podem, por outro lado, ser romanas. É evidente que não cabe a mim definir para vocês o que é o cristianismo anglicano – sou seu aluno, não seu professor. Insisto, porém, que não importa onde se estabeleçam as linhas divisórias, elas precisam existir, definindo o que é anglicano ou cristão. Sugiro, ainda, que tais limites sejam definidos com muito mais rapidez do que a maioria dos sacerdotes modernos deseja. Acredito que é dever de vocês estabelecer os limites com clareza em sua mente e, caso desejem ultrapassar tais limites, mudem de credo.

Isso é o dever não apenas de cristãos ou sacerdotes, mas de homens honestos. Há aqui o perigo de o clero desenvolver uma consciência profissional especial, que oculta exatamente a questão moral. Homens que ultrapassaram esses limites, em qualquer direção, estão prontos para protestar que o fizeram a partir de opiniões não ortodoxas sinceras, em defesa das quais se dispõem a sofrer censuras e a abrir mão do progresso profissional. Com isso, sentem-se mártires. Mas isso apenas ignora o ponto que tanto escandaliza os leigos. Jamais duvidamos de que as opiniões não ortodoxas são sinceras, apenas não aceitamos que vocês continuem no ministério depois de adotá-las. Sempre soubemos que um homem que ganha a vida como agente do Partido Conservador pode, com honestidade, mudar de opinião e passar a ser comunista. O que condenamos é que ele continue a receber seu salário como agente do Partido Conservador enquanto apoia a política de outro.

Até quando descartamos o ensino em contradição direta com o que acreditamos precisamos definir mais nossa tarefa. Precisamos defender o próprio cristianismo – a fé pregada pelos apóstolos, testificada pelos mártires, reunida nos credos, exposta pelos Pais da Igreja. Isso precisa ser claramente separado do que cada um de nós pensa sobre Deus e sobre o homem. Cada um de nós possui sua ênfase individual: cada um, além da fé, possui várias opiniões que lhe parecem consistentes com a fé, verdadeiras e importantes. E talvez sejam. Mas, como apologistas, não é *isso* que precisamos defender e, sim, o cristianismo. Não a "minha religião". Quando mencionamos opiniões pessoais, devemos sempre deixar bem claro a diferença entre elas e a Fé. São Paulo apresenta o modelo em 1 Coríntios 7:25 quando afirma: "Não tenho mandamento do Senhor, mas sim dou meu parecer [...]". Ninguém fica em dúvida quanto ao *status* do que ele diz.

Essa distinção, que é exigida pela honestidade, também confere ao apologista uma grande vantagem tática. A maior dificuldade é levar os ouvintes modernos a entender que você prega o cristianismo unicamente porque acredita que ele é *verdadeiro*; eles sempre supõem que você prega porque gosta da mensagem, acha que ela é boa para a sociedade ou algo semelhante. Bem, a distinção clara entre o que a Fé de fato afirma e o que você gostaria que ela dissesse, ou o que você entende, ou considera útil ou provável, força os ouvintes a entender que você está preso a seus dados, exatamente como o cientista é limitado pelos resultados da experiência. Você não diz apenas aquilo de que gosta. Isso os ajuda a entender de imediato que o que está em discussão é uma questão sobre fato objetivo – não conversa vazia sobre ideias e pontos de vista.

Em segundo lugar, esse cuidado escrupuloso para preservar a mensagem cristã como algo distinto das ideias pessoais tem efeito muito positivo no próprio apologista. Força-o, vez após outra, a encarar os elementos do cristianismo original que ele considera, pessoalmente, obscuros ou repulsivos. Ele é salvo da tentação de pular, truncar ou ignorar o que considera desagradável. O homem que cair nessa tentação jamais, é claro, progredirá no conhecimento cristão. É óbvio que as doutrinas que alguém considera fáceis são as que concedem sanção cristã a verdades que ele já sabia. A nova verdade, que você não conhece e de que precisa, deve, na própria natureza das coisas, se esconder exatamente nas doutrinas que você menos aprecia ou que não entende. Aqui acontece o mesmo que na ciência. O fenômeno que perturba, que não se encaixa nas teorias científicas em voga, é o que requer reconsideração e, por isso, leva a novo conhecimento. A ciência progride porque os cientistas, em vez de fugir dos fenômenos problemáticos ou de se apressar para resolvê-los, buscam constantemente abordá-los. O conhecimento cristão, também, só progredirá quando aceitarmos o desafio das doutrinas difíceis ou sem atrativos. O cristianismo "liberal" que se considera livre para alterar a Fé sempre que ela causa perplexidade ou aversão *ficará* completamente estagnado. O progresso só acontece quando existe matéria que faz *resistência*.

Disso, segue-se um corolário sobre as leituras individuais do apologista. Há duas indagações que ele deve fazer a si mesmo. (1) Será que tenho "sustentado", "ficado lado a lado" com os movimentos teológicos recentes? (2) Tenho *permanecido firme* (*super monstratas vias*)[2] em meio a tantos "ventos de doutrina" (Efésios 4:14)? Quero enfatizar que a segunda questão é a mais importante das duas. Nossa criação e a atmosfera do mundo em que vivemos asseguram que nossa principal tentação será ceder aos ventos de doutrina em vez de ignorá-los. Nossa tendência não é ficar isolado: a maior probabilidade é ser escravo da moda. Se precisarmos escolher entre ler livros novos e velhos, devemos escolher os antigos: não porque sejam necessariamente melhores, mas por conterem exatamente as verdades que nossa era tem negligenciado. O padrão do cristianismo permanente precisa estar claro em nossa mente, e é com ele que devemos comparar todo pensamento contemporâneo. Na verdade, precisamos, a todo custo, ficar alheios ao tempo. Servimos Àquele que disse: "Os céus e a terra passarão, mas as minhas palavras jamais passarão" (Mateus 24.35; Marcos 13:31; Lucas 21:33).

---

2. Creio que a fonte é Jeremias 6:16: "*State super vias et videte, et interrogate de semitis antiquis quae sit via bona, et ambulate in ea*", que, traduzido: "Ponham-se nas encruzilhadas e olhem; perguntem pelos caminhos antigos, perguntem pelo bom caminho. Sigam-no e acharão descanso".

Até aqui, falei sobre leitura teológica. Leitura científica é uma questão. Se você tem conhecimento em alguma ciência, deve se manter atualizado. Precisamos responder à atitude científica atual para com o cristianismo, não à atitude adotada há cem anos. A ciência muda continuamente e precisamos tentar acompanhar. Pela mesma razão, devemos ter muita cautela para adotar qualquer teoria científica que, no momento, parece nos favorecer. Podemos *mencionar* tais teorias, mas sem enfatizar, sem dar a elas nenhuma classificação acima de "interessantes". Devemos evitar sentenças que comecem com "A ciência agora provou". Se tentarmos basear nossa apologética em desdobramentos científicos recentes, assim que colocarmos o ponto-final em nossos argumentos veremos, em geral, que a ciência mudou de ideia e retirou sigilosamente a teoria que usamos como fundamento. *Timeo Danaos et dona ferentes*[3] é um princípio sensato.

Enquanto tratamos do tema ciência, permitam-me divagar um pouco. Acredito que todo cristão qualificado para escrever um bom livro popular sobre qualquer ciência ajudaria muito mais com isso do que com apologética. A dificuldade com que nos deparamos é a seguinte: conseguimos (com frequência) que as pessoas ouçam o ponto de vista cristão durante mais ou menos meia hora, porém, no momento em que saem de nossa palestra ou acabam de ler nosso artigo, mergulham de volta num mundo onde a opinião oposta

---

3. "Temo os gregos até quando eles trazem presentes." Virgílio, *Eneida*, livro II, linha 49.

é generalizada. Todos os jornais, filmes, romances e livros didáticos minam nosso trabalho. Enquanto tal situação perdurar, o sucesso amplo será simplesmente impossível. Precisamos atacar a linha de comunicação do inimigo. Não precisamos de mais livretos sobre o cristianismo, mas, sim, de mais livretos cristãos sobre outros assuntos – como o cristianismo *latente*. Vemos isso com mais facilidade olhando por outro lado. Não é provável que nossa fé seja abalada por um livro sobre o hinduísmo. Entretanto, se toda vez que lermos um livro de geologia, botânica, política ou astronomia, encontrarmos implicações hindus, isso nos abalará. Não foram os livros escritos em defesa do materialismo que tornou o homem moderno materialista; foram as posições materialistas contidas em todos os outros livros. Da mesma forma, os livros sobre cristianismo não o incomodarão muito. Mas ele ficaria perturbado se, toda vez que procurasse um livro de introdução a uma ciência, a melhor obra no mercado fosse sempre escrita por um cristão. O primeiro passo para a reconversão do país seria uma série de livros escritos por cristãos que vencesse os *best-sellers* em seu próprio terreno. O cristianismo teria que ser latente e não explícito. *Claro* que a ciência precisaria ser perfeitamente honesta. Ciência *distorcida* em benefício da apologética seria pecado e tolice. Preciso, porém, voltar a meu tema.

Nossa tarefa é apresentar o atemporal (o mesmo ontem, hoje e para sempre – Hebreus 13:8) na linguagem particular de nossa era. O mau pregador faz o oposto: toma as ideias de nossa era e as disfarça com a linguagem tradicional do cristianismo. Assim, ele pode, por exemplo, pensar sobre o Relatório Beveridge[4] e *falar* sobre entrar no Reino. O âmago do pensamento é meramente contemporâneo; apenas a superfície é tradicional. No entanto, seu ensino precisa ser atemporal no coração, vestido com roupa moderna.

Essa observação leva a pensar em teologia e política. O mais próximo que chego de estabelecer uma fronteira para o problema entre os dois é que a teologia ensina que fins são desejáveis e que meios são corretos, enquanto a política ensina que meios são eficazes. Assim, a teologia diz que todo homem deve receber um salário razoável. A política mostra os meios para que isso aconteça. A teologia aponta que meios são consistentes com a justiça e a caridade. Na questão política a orientação não vem da Revelação, mas da prudência natural, do conhecimento de fatos complicados e da experiência madura. Se tivermos essas qualificações poderemos, claro, declarar nossas opiniões políticas, porém precisamos deixar bem claro que expressamos uma opinião pessoal e não temos, nessa questão, mandamento do Senhor. Poucos sacerdotes possuem tais qualificações. A maioria dos sermões políticos ensina à congregação apenas o que os jornais levaram à residência pastoral.

---

4. Sir William H. Beveridge, *Social Insurance and Allied Services*, Command Paper 6404, Sessão Parlamentar de 1942-43 (Londres: H. M. Stationery Office, 1942). O relatório apresentou o plano do sistema de Previdência Social na Grã-Bretanha.

No presente, o maior perigo é a igreja continuar a praticar apenas técnica missionária naquilo que se tornou uma situação missionária. Há um século, nossa tarefa era edificar os que haviam sido trazidos para a fé. Agora a tarefa é converter e instruir os infiéis. A Grã-Bretanha é um campo missionário tanto quanto a China. Se você for enviado aos bantus, precisará aprender a língua e as tradições deles. Você precisa de treinamento similar acerca da língua e dos hábitos mentais de seus concidadãos sem instrução nem fé. Muitos sacerdotes são praticamente ignorantes nesse assunto. O que sei sobre isso aprendi em palestras nos acampamentos da RAF (Royal Air Force – Força Aérea da Inglaterra). A maioria dos militares era inglesa e, portanto, parte do que vou dizer talvez seja irrelevante para o País de Gales. Analisem e guardem o que for aplicável.

1. Descobri que o inglês que não estudou é quase que totalmente cético diante da história. Pensei que ele duvidasse dos Evangelhos por causa dos milagres; porém o motivo é tratarem de fatos acontecidos há 2.000 anos. Se ouvisse falar da batalha de Actium, ele também não acreditaria. Para quem estudou, como nós, esse tipo de pensamento é muito difícil de entender. Para nós, o presente sempre pareceu parte de um processo contínuo. Na mente dos que não estudaram, o presente ocupa quase todo o campo de visão. Para trás, isolado e quase sem importância, existe algo chamado de "os velhos tempos" – mistura

pequena e cômica, onde passeiam ladrões, a rainha Elizabeth e cavalheiros de armadura. Então (o mais estranho), para trás dos velhos tempos vem a imagem do "homem primitivo", que é "ciência", e não "história", e, por isso, parece muito mais real do que os velhos tempos. Em outras palavras, ele acredita muito mais na pré-história do que na história.

2. Ele desconfia (atitude muito condizente com seu estado de conhecimento) de textos antigos. Assim, ouvi alguns perguntarem: "Esses fatos foram escritos antes de inventarem a impressão, certo? Você não viu nem um pedacinho do papel original, viu? Então, o que aconteceu foi que alguém escreveu, outra pessoa copiou, depois outra, depois outra, e assim por diante. Bem, quando chegou aqui para nós, nem parecia mais com o original". É difícil tratar dessa objeção, porque não há como iniciar, na hora e no lugar, um curso da ciência de crítica textual. Nesse ponto, porém, a religião dele (ou seja, a fé na "ciência") veio em meu socorro. A informação de que existe uma "ciência" chamada "Crítica Textual", cujos resultados (não apenas com respeito ao Novo Testamento, mas a textos antigos em geral) são aceitos, costuma ser recebida sem objeção. (Nem preciso comentar que a palavra "texto" não deve ser usada, já que para os ouvintes de vocês ela significa apenas "citação das Escrituras".)

3. Quase não existe a noção de pecado. Nesse aspecto, nossa situação é muito diferente da dos apóstolos. Os pagãos (e ainda mais os *metuentes*[5]) para quem os apóstolos pregavam eram perseguidos por uma sensação de culpa e, para eles, o evangelho era, portanto, "boas-novas". Dirigimo-nos a pessoas treinadas para acreditar que tudo que há de errado no mundo é culpa de outra pessoa – dos capitalistas, do governo, dos nazistas, dos generais etc. Eles se aproximam do próprio Deus como juízes para julgá-lo. Não querem saber se podem ser absolvidos do pecado, mas, sim, se Ele pode ser absolvido por ter criado o mundo.

No ataque a essa insensibilidade fatal é inútil dirigir atenção (a) aos pecados que os ouvintes não cometeram, ou (b) a coisas que eles fazem, mas não consideram pecado. Em geral, não são bêbados nem promíscuos, porém também não consideram que a promiscuidade é errada. De nada adianta, portanto, prender-se a esses assuntos. (Agora que os contraceptivos acabaram com o elemento obviamente *perigoso* da promiscuidade, não acredito que possamos esperar que as pessoas reconheçam que é pecado, a não ser que aceitem o cristianismo por completo.)

Não tenho técnica perfeita para apresentar no sentido de despertar a noção de pecado. Só posso dizer

---

5. Os *metuentes*, ou "tementes a Deus", eram uma classe de gentios que adoravam a Deus sem se submeter à circuncisão e a outras obrigações cerimoniais da lei judaica. Ver Salmos 118:4 e Atos 10:2.

que, em minha experiência, se começarmos do pecado que foi o principal problema na semana passada, a pessoa costuma se surpreender com a forma como o exame se desenrola. Mas, qualquer que seja o meio que usemos, nosso esforço constante deve ser afastar a mente deles das questões públicas e dos crimes e levá-los aos fatos essenciais – toda a rede de rancor, cobiça, inveja, injustiça e vaidade na vida das "pessoas comuns e decentes" como eles (e nós).

4. Precisamos aprender a língua de nossos ouvintes. E digo, logo de início, que não adianta estabelecer *a priori* o que o "homem comum" entende e não entende. É necessário descobrir por experiência própria. Assim, a maioria de nós supõe que a mudança de "possa verdadeiramente e sem fazer diferença ministrar a justiça" por "possa verdadeira e imparcialmente"[6] facilitou a situação dos que não estudaram, mas um sacerdote que conheço descobriu que seu sacristão não tinha a menor dificuldade para entender *"sem fazer diferença"* ("Quer dizer não ver diferença entre um homem e outro", disse ele), mas não tinha a menor ideia do que fosse *imparcialmente*.

---

6. A primeira citação é de uma oração do *Whole state of Christ's Church in the service of Holy Communion*, Livro de Oração Comum (1662). A segunda é a forma revista da mesma frase, encontrada na versão de 1928 do Livro de Oração Comum.

Nesse quesito da linguagem o melhor que posso fazer é apresentar uma lista de palavras usadas em sentido diferente do que costumamos usar.

CARIDADE: significa (a) esmolas, (b) "organização de caridade", (c) muitoraramente – indulgência (isto é, atitude "caridosa" entendida como capaz de negar ou desculpar pecados, mas não com amor pelo pecador a despeito de suas imperfeições).

CATÓLICO: significa papista.

CONCEPÇÃO IMACULADA: na boca de uma pessoa sem estudo, *sempre* significa *nascimento virginal*.

CRIATIVO: hoje, significa apenas "talentoso", "original". A ideia da criação em sentido teológico não figura na mente deles.

CRIATURA: significa "besta", "animal irracional". Expressão como "somos apenas criaturas" seria, quase com toda certeza, mal-entendida.

CRISTÃO: chegou a ponto de não incluir quase nenhuma ideia de *crença*. Em geral, é um termo vago de aprovação. Tenho ouvido vezes sem conta a pergunta: "O que você chama de cristão?" A resposta que *querem* ouvir é que o cristão é uma pessoa decente, altruísta etc.

CRUCIFICAÇÃO, CRUZ: séculos de hinos e canções religiosas exauriram essas palavras de tal forma que hoje elas mal transmitem – se é que o fazem – a ideia da execução sob tortura.

É melhor parafrasear e, pelo mesmo motivo, usar chicoteado em lugar de açoitado no Novo Testamento (Mateus 27:26; Marcos 15:13; João 19:1).

DOGMA: usado apenas em sentido negativo, como "afirmação não provada, expressa de forma arrogante".

ESPIRITUAL: tem como principal significado *imaterial, incorpóreo*, mas com sérias confusões com o uso cristão de *pneuma*.[7] Daí a noção de que tudo que é "espiritual" no sentido de "não sensorial" é, de alguma forma, *melhor* do que qualquer coisa sensorial. Ou seja, eles não acreditam que a inveja pode ser tão prejudicial quanto a bebedeira.

EXPIAÇÃO: na realidade, não existe na língua falada moderna, embora seja reconhecida como "termo religioso". Se é que transmite algum sentido para os que não estudaram, penso que seja *compensação*. Não há palavra para expressar para eles o que os cristãos querem dizer com *expiação*. É necessário explicar.

IGREJA: significa (a) edifício sagrado, (b) o clero. *Não* sugere para eles a "companhia de todos os fiéis"[8]. Em geral, usada em sentido pejorativo.

---

7. Que significa "espírito", como em 1 Coríntios 14:12.
8. Frase que aparece na oração de "Ação de Graças" no fim do culto de Santa Comunhão no Livro de Oração Comum (1662).

Parte de nosso dever inclui defender a Igreja. O uso da palavra, porém, onde não há tempo para defendê-la acaba com a simpatia e deve ser evitado sempre que possível.

MORALIDADE: significa *castidade*.

PESSOAL: passei pelo menos 10 minutos debatendo com um homem sobre a existência de um "diabo pessoal" antes de me dar conta que, para ele, *pessoal* significava *corpóreo*. Suspeito que isso seja comum. Quando dizem que não acreditam em um Deus "pessoal" podem estar dizendo apenas que não acreditam no antropomorfismo.

POTENCIAL: quando usada, é em sentido de engenharia; *nunca* significa "possível".

PRIMITIVO: significa bruto, grosseiro, inacabado, ineficiente. "Cristianismo primitivo" não significa para eles tudo o que significa para vocês.

SACRIFÍCIO: não tem ligação com o templo e o altar. Só conhecem essa palavra no sentido usado pelos jornais ("A nação deve se preparar para grandes sacrifícios").

SER (substantivo): nunca significa apenas "entidade" na linguagem popular. Frequentemente, significa o que chamaríamos de "ser pessoal" (por exemplo, um homem me disse: "Acredito no Espírito Santo, mas não acho que Ele seja um ser".)

VULGARIDADE: em geral, significa obscenidade ou "sujeira". Há sérias confusões (e isso não se aplica apenas às mentes não instruídas) entre:

a) Obsceno ou lascivo: o que é calculado para provocar a luxúria.
b) Indecoroso: o que ofende o bom gosto ou o que é apropriado.
c) Vulgar: o que é socialmente inferior.

Pessoas "boas" tendem a pensar que (b) é tão pecaminoso quanto (a), com o resultado de todos os outros sentirem que (a) é tão justo e inocente quanto (b).

Concluindo – vocês precisam traduzir todos os detalhes da teologia na língua comum. Embora essencial, isso é muito difícil e significa que vocês conseguirão falar muito pouco em meia hora. É também o melhor serviço que vocês podem prestar a seu próprio pensamento. Estou convicto de que, se você não consegue traduzir os pensamentos para a linguagem comum, isso indica que seus pensamentos são confusos. A capacidade de traduzir é o teste para mostrar que a pessoa realmente entendeu o significado dessas palavras. A passagem de uma obra teológica para a língua comum deveria ser obrigatória em todo exame antes da ordenação.

Volto-me, agora, para a questão do verdadeiro ataque, que pode ser emocional ou intelectual. Se eu falar apenas sobre aquele do tipo intelectual, não significa que subestimo o outro, mas, sim que, não possuindo os dons necessários para tratar dele, não posso dar conselhos a respeito. Desejo afirmar, porém, muito enfaticamente, que, quando o pregador possui tal dom, o chamado direto do evangelho de "Venha para Jesus", pode ser tão arrebatador hoje quanto era há cem anos. Já vi fazerem isso, iniciando com um filme religioso, acompanhado por cântico de hinos e com resultado admirável. Não sou capaz de fazer assim, mas os que são devem fazê-lo com todas as suas forças. Talvez a equipe missionária ideal deva incluir uma pessoa que argumenta e outra que prega (no sentido mais amplo da palavra). Coloque primeiro o que argumenta, para minar os preconceitos intelectuais dos ouvintes, e depois o evangelista, para lançar o apelo devido. Já vi fazerem isso, com muito sucesso. Aqui, entretanto, preciso tratar apenas do ataque intelectual. *Non omnia possumus omnes.*[9]

E, inicialmente, uma palavra de encorajamento. Gente sem instrução não é gente irracional. Verifiquei que todos aguentam, e conseguem acompanhar, bastante argumentação, desde que o avanço seja lento. Na verdade, muitas vezes a novidade (que raramente viram antes) os agrada.

Não tente diluir o cristianismo. Não pense que pode apresentá-lo deixando de fora o sobrenatural. Até onde vejo, o cristianismo é exatamente a única religião da qual não se pode subtrair os milagres. Use a franqueza desde o início para defender o sobrenatural.

As duas "dificuldades" populares com que você precisará lidar serão, provavelmente, as seguintes:

1. "Agora que sabemos que o universo é imenso e a Terra insignificante, é ridículo acreditar que o

---

[9]. Nem todos podem fazer todas as coisas. Virgílio, *Eclogues*, livro VIII, linha 63.

Deus universal tem interesse especial em nossos assuntos." Em resposta, é necessário, primeiro, corrigir o erro deles sobre *fatos*. A insignificância da Terra em relação ao universo não é descoberta moderna: há quase 2.000 anos, Ptolomeu (*Almagest*, livro I, capítulo V) afirmou que, em relação à distância das estrelas fixas, a Terra deveria ser tratada como ponto matemático sem magnitude. Segundo, você deve mostrar que o cristianismo prega o que Deus fez pelo homem; não conta (porque não sabe) o que ele fez ou deixou de fazer em outras partes do universo. Terceiro, você pode relembrar a parábola da ovelha perdida (Mateus 18:11-14; Lucas 15:4-7). Se a Terra foi mesmo tratada de forma especial por Deus (fato que desconhecemos), talvez isso não implique que ela é o elemento mais importante do universo, mas apenas que *se desviou do caminho*. Finalmente, acabe com a tendência de igualar tamanho e importância. O elefante é mais importante do que o homem? A perna é mais importante do que o cérebro?

2. No passado, as pessoas acreditavam nos milagres porque não sabiam que eles iam contra as Leis da Natureza. Mas elas sabiam. Se São José não sabia que uma virgem ter um bebê era contrário à natureza (ou seja, se não conhecesse a origem normal dos bebês), porque, ao descobrir que a gravidez da esposa, cogitou abandoná-la (Mateus 1:19)?

Obviamente, nenhum evento seria registrado como maravilha, *a não ser* que quem registrou conhecesse a ordem natural e soubesse que estava diante de uma exceção. Caso ninguém soubesse que o Sol nasce no leste, ninguém se interessaria no dia em que ele nascesse no oeste. Não registrariam como *miraculum* – não registrariam de forma nenhuma. A própria ideia de "milagre" pressupõe conhecimento das leis da natureza. Não existe ideia de exceção quando não existe ideia de uma regra.

É muito difícil produzir argumentos sobre a existência de Deus no nível popular. Muitos dos argumentos mais comuns me parecem inválidos. Alguns podem surgir em debates, produzidos por membros da audiência que sejam a nosso favor. Isso suscita o problema do "auxiliar que atrapalha". É agressivo (e perigoso) repelir a pessoa; mas muitas vezes é desonesto concordar com ela. Em geral, tento evitar qualquer comentário sobre a validade do argumento e respondo: "Sim, isso pode satisfazer a mim e a você. Mas temo que, se seguirmos por essa linha, nosso amigo aqui à minha esquerda poderia argumentar etc.".

Felizmente, embora seja muito estranho, descobri que as pessoas em geral se dispõem a ouvir sobre a divindade de nosso Senhor *antes* de tratar da existência de Deus. Antes eu costumava, no caso de ter oportunidade para duas palestras, dedicar a primeira ao teísmo. Porém, logo deixei de lado esse método, porque parecia suscitar pouco interesse. Parece que o número de ateus decididos e declarados não é muito elevado.

Chegando à Encarnação, costumo verificar que posso usar alguma forma de *aut Deus aut malus homo*.[10] A maioria dos argumentos começa com a ideia de "um grande mestre humano" endeusado por seguidores supersticiosos. Deve-se comentar como isso é improvável entre os judeus e como é diferente de tudo o que aconteceu com Platão, Confúcio, Buda e Maomé. Deve-se usar as próprias palavras e alegações do Senhor (que muitos ignoram). (Todo o caso, no nível popular, foi muito bem exposto por Chesterton em *O homem eterno*.) Em geral, será necessário comentar sobre a historicidade dos Evangelhos. Vocês, teólogos formados, serão capazes de fazer isso de maneiras que não consigo. Minha resposta é afirmar que, como crítico literário profissional, acredito saber a diferença entre lenda e escritos históricos: os Evangelhos, com certeza, não são lenda (em certo sentido, não são *bons* o suficiente). Se não forem históricos, pertenceriam a uma categoria de prosa realística de ficção que só passou a existir no século XVIII. A marca disso são pequenos episódios como o de Jesus escrevendo na areia (João 8:3-8) quando

---

10. Ou Deus ou um homem mau.

levaram até ele uma mulher flagrada em adultério (que não tem qualquer significado *doutrinário*).

Uma das maiores dificuldades é manter na mente dos ouvintes a questão da Verdade. Eles sempre pensam que você recomenda o cristianismo porque ele é *bom* e não por ser *verdadeiro*. Durante o debate, tentarão, a todo momento, escapar da questão "Verdadeiro – Falso" e partir para tratar de uma boa sociedade, de moral, de salário dos bispos, da Inquisição Espanhola, da França, da Polônia – qualquer outra coisa. Será necessário forçá-los a voltar, toda hora, ao ponto central. Só assim você conseguirá minar: (a) a crença deles de que um pouco de religião é bom, mas não se deve exagerar. É necessário mostrar que o cristianismo é uma declaração que, se for falsa, não terá *nenhuma* importância, mas, se for verdadeira, sua importância será infinita. Ela só não pode ser de importância mediana; (b) a firme confiança deles no Artigo XVIII.[11] Claro que deve ser mostrado que, embora toda salvação aconteça mediante Jesus, não podemos concluir que Ele não pode salvar quem não o aceitou explicitamente. E deve ficar claro (pelo menos em minha opinião)

---

11. Artigo XVIII, do Livro de Oração Comum: *Sobre obter a Salvação eterna apenas pelo Nome de Cristo*, que afirma: "Devem também ser acusados aqueles que dizem que todo homem será salvo pela Lei, ou pela seita que professa, de modo que deve ser diligente e conduzir sua vida segundo essa Lei e à luz da Natureza. As Escrituras Sagradas estabelecem que os homens só serão salvos pelo Nome de Jesus Cristo".

que não consideramos todas as outras religiões totalmente falsas, mas, antes, dizemos que, em Cristo, tudo que existe de verdadeiro em todas as religiões se consuma e aperfeiçoa. Por outro lado, penso que precisamos atacar, onde quer que encontremos, a ideia louca de que proposições sobre Deus que se excluem mutuamente podem ser, ambas, verdadeiras.

De minha parte, falei algumas vezes a meus ouvintes que as duas únicas coisas que vale a pena considerar são o hinduísmo e o cristianismo. (Islamismo não passa da maior heresia cristã; o budismo, da maior heresia hindu. O verdadeiro paganismo morreu. O melhor do judaísmo e do platonismo sobrevive no cristianismo.) Na realidade, não existe uma infinidade de religiões para a mente adulta avaliar. Podemos, *salva reverentia*,[12] dividir religiões como fazemos com sopas, entre "espessas" e "ralas". Espessas são as que têm orgias, êxtases, mistérios e locais sagrados. A África está repleta de religiões espessas. As ralas são as filosóficas, éticas, universalizantes: estoicismo, budismo e a igreja ética. Bem, a verdadeira religião precisa ser, ao mesmo tempo, espessa e rala: o Deus verdadeiro criou criança e adulto, selvagem e urbano, cabeça e ventre. E as duas únicas religiões que preenchem esse requisito são o hinduísmo e o cristianismo. O primeiro, contudo, não cumpre todos os requisitos. A religião

---

12. Sem reverência excessiva.

rala do ermitão brâmane na selva e a espessa, do templo, andam *lado a lado*. O ermitão brâmane não se preocupa com a prostituição no templo, nem os que estão no templo se incomodam com a metafísica do ermitão. Mas o cristianismo põe abaixo o muro de separação. Chega ao convertido da África Central e lhe diz para obedecer a uma ética universalista esclarecida: pega um acadêmico pedante do século XX como eu e me diz para jejuar para alcançar um Mistério, para beber o sangue do Senhor. O selvagem convertido precisa ser ralo; eu, espesso. É assim que descobrimos que chegamos à verdadeira religião.

Um último comentário. Descobri que não há nada mais perigoso para a fé do que o trabalho de um apologista. Nenhuma doutrina da fé me parece tão elusiva e irreal quanto a que acabei de defender, com sucesso, em um debate público. Vejam bem, por um momento ela parecia repousar em mim. Como resultado, no momento em que me retiro do debate, ela parece um pilar vacilante. Por isso, nós, os apologistas, pegamos a vida em nossas mãos e só podemos ser salvos caindo continuamente da teia de nossos próprios argumentos, embates intelectuais, indo para a Realidade – da apologética cristã para o próprio Cristo. É por isso, também, que precisamos continuamente da ajuda uns dos outros – *oremus pro invicem*.[13]

---

13. Oremos uns pelos outros.

13

O declínio da religião (1946)

Segundo minha opinião sobre os calouros de Oxford no presente, seria bem fácil chegar a conclusões opostas sobre a situação religiosa difícil do que chamamos "próxima geração", embora, na realidade, o corpo discente inclua homens e mulheres quase tão separados uns dos outros por idade, aparência e experiência quanto os calouros são separados dos instrutores. Pode-se encontrar muita evidência para mostrar que a religião está em seu último estágio de declínio entre eles ou então que um reavivamento no interesse pela religião seja uma das características mais marcantes do grupo. De fato, algo que pode ser chamado de "declínio" e algo que pode ser chamado de "reavivamento" acontecem entre eles. Talvez fosse mais útil tentar entender ambos e apontar um vencedor.

O "declínio da religião", tão lamentado (ou aplaudido), é demonstrado pelas capelas vazias. É bem verdade que estavam cheias em 1900 e vazias em 1946. A mudança, contudo, não foi gradual. Ocorreu no momento exato em que a presença a elas deixou de ser obrigatória. Não houve declínio; foi uma queda no precipício. Os sessenta homens que vinham por ser a reunião um pouco mais tarde do que os *"rollers"*[1] (única alternativa) deixaram de vir. Os cinco cristãos permaneceram. O fim da obrigatoriedade não criou nova situação religiosa, apenas revelou uma situação que existia há muito tempo. E o mesmo acontece com o "declínio da religião" em toda a Inglaterra.

Em todas as classes e em toda parte do país a prática visível do cristianismo cresceu muito menos nos últimos cinquenta anos. Isso costuma ser mostrado como prova de que a nação, como um todo, passou de cristã a secular. Se julgarmos, porém, o século XIX pelos livros escritos, pela aparência de nossos antepassados (com pouquíssimas exceções) fica bem claro que eram tão seculares quanto as pessoas de hoje. As novelas de Meredith, Trollope e Thackeray não foram escritas por nem para homens que veem este mundo como antessala da eternidade, que consideram o orgulho o pior dos pecados, que desejam ser pobres de espírito ou que buscam uma salvação sobrenatural. Mais significativa ainda é a ausência total, em *Um conto de Natal*, de Dickens, de interesse pela Encarnação. Maria, os

---

1. Quando aumentou o número de estudantes não anglicanos nas faculdades de Oxford, esses alunos não queriam participar dos cultos matutinos e pediram que o Reitor lhes concedesse cinco ou dez minutos antes do início do culto para assinarem a lista de chamada (em inglês, *call-roll*, daí o nome *roller*). Com isso os *"rollers"* precisavam se levantar antes dos que participavam do culto. Hoje nem os cultos nem a lista de chamada são obrigatórios.

magos e os anjos foram substituídos por "espíritos" que Dickens inventou, e os animais que aparecem não são o boi e o jumento no estábulo, mas sim o ganso e o peru na loja de aves. O mais chocante é o capítulo 33 de *The Antiquary* (O Antiquário), onde Lorde Glenallan perdoa a velha Elspeth por seu erro intolerável. Scott pintou Glenallan como um penitente e asceta, homem cujos pensamentos se fixaram durante anos no sobrenatural. Mas, quando ele precisa perdoar, não surge em cena nenhuma motivação cristã. Quem vence a batalha é "a generosidade de sua natureza". Não ocorre a Scott que os jejuns, solitudes, o terço e o confessor, por mais úteis que sejam como "propriedades" românticas, poderiam se conectar efetivamente com uma ação séria relacionada ao enredo do livro.

Estou ansioso neste ponto, não quero ser mal-entendido. Não estou negando que Scott foi um homem corajoso, generoso e honrado, além de escritor de grande qualidade. Quero dizer que, na obra dele, assim como na da maioria de seus contemporâneos, os valores levados a sério são apenas os seculares e naturais. Nesse sentido, Platão e Virgílio estão mais perto do cristianismo do que eles.

Diante disso, "declínio da religião" se torna um fenômeno muito ambiguo. Uma forma de expressar a verdade seria que a religião que declinou não foi o cristianismo, mas foi um teísmo vago, de código forte e viril, que, longe de se colocar contra o "mundo", foi absorvido em todas as tramas do tecido das instituições e sentimentos ingleses e, por isso, exigia a ida à igreja (na melhor das hipóteses) como parte da lealdade e boas maneiras (na pior) como prova de respeitabilidade. Consequentemente, a pressão social, como o fim da obrigatoriedade, não criou situação nova. A nova liberdade permitiu, primeiro, que fossem feitas observações precisas. Quando só vai à igreja quem busca Cristo descobre-se, enfim, o verdadeiro número de crentes. Poderíamos acrescentar que essa nova liberdade foi causada, em parte, exatamente pelas condições que revelou. Se as forças anticlericais e antiteístas em ação no século XIX precisassem atacar um batalhão sólido de cristãos radicais, a história talvez tivesse sido outra. Porém, a mera "religião" – "moralidade tingida de emoção", "o que o homem faz com sua solitude", "a religião de todos os homens bons" – não tem muito poder de resistência. Não sabe dizer "não".

O declínio de tal "religião" parece-me, em determinados aspectos, uma bênção. Se pensarmos na menor das vantagens, pelo menos esclarece as coisas. Para o estudante moderno, o cristianismo é, ao menos, uma das opções intelectuais. Está, digamos assim, na agenda do dia: pode ser discutido, e uma conversão pode ocorrer. Lembro-me de épocas em que isso era muito mais difícil. "Religião" (não é sinônimo de cristianismo) era assunto muito vago para ser discutido ("sagrado demais para ser mencionado de modo leviano") e tão misturado com sentimento e bom formato que figurava como tema perturbador. Caso necessário falar nele, o tom de voz era sussurrado, como nos hospitais. Parte da vergonha da Cruz é, e deve ser, irremovível.

Todavia, a mera perturbação social e sentimental acabou. A neblina "religião" se dissipou; pode-se observar posições e números dos dois exércitos e há possibilidade real de troca de tiros.

O declínio da "religião" é, sem dúvida, ruim para o "mundo". Suponho que coloque em risco tudo que fez da Inglaterra um país bem feliz: a comparativa pureza da vida pública, a comparativa humanidade da polícia e a possibilidade de certo respeito mútuo e simpatia entre oponentes políticos. Mas não tenho certeza de que as conversões ao cristianismo sejam mais raras ou difíceis, muito pelo contrário. Está mais difícil escapar de fazer uma escolha. Quando a Távola Redonda quebrou, cada homem precisou decidir se ficaria com Galahad ou com Mordred: era o fim do "ficar em cima do muro".

Era isso sobre o declínio da religião. Passemos ao reavivamento cristão. Os que defendem o reavivamento mostram o sucesso (quero dizer sucesso no sentido que pode ser verificado pelas vendas) de vários autores explícita e até violentamente cristãos, a aparente popularidade das palestras sobre temas teológicos e a atmosfera estimulante de debates amigáveis em que vivemos. Mostram, na realidade, o que ouvi ser chamado de "máfia intelectual cristã". É difícil descrever o fenômeno em termos neutros, mas talvez ninguém negue que o cristianismo entrou "no mapa" da *intelligentsia* mais jovem como não estava, digamos, em 1920. Hoje, apenas os calouros falam da posição anticristã como evidente. Os dias da "não fé simples" morreram, tanto quanto os da "fé simples".

Diante disso, os que estão a meu lado estão bem alegres, e com razão. Temos motivos para agradecer, e os comentários que preciso fazer derivam, espero, não do desejo natural da meia-idade de jogar água na fervura, mas apenas da vontade de evitar, e, portanto desarmar, possíveis decepções.

Em primeiro lugar, é necessário que qualquer pessoa que aceite o cristianismo admita que o aumento de interesse, e até o crescimento na abordagem intelectual, não significa a conversão da Inglaterra, nem mesmo de uma única alma. A conversão requer alteração de vontade, que, em última instância, não ocorre sem a intervenção do sobrenatural. Não concordo, de forma alguma, com os que concluem daí que o clima intelectual (e imaginativo) favorável ao cristianismo é inútil. Não se prova que os fabricantes de munição não têm utilidade por não vencerem as batalhas, por mais apropriado que fosse, caso eles tentassem reclamar para si a honra devida aos combatentes. Se a atmosfera intelectual propicia ao homem, no momento de crise, aceitar ou rejeitar a Cristo, seu raciocínio e imaginação não estarão do lado errado, e seu conflito será travado sob condições favoráveis. Os que ajudam a produzir e divulgar essa atmosfera realizam, portanto, um trabalho útil, afinal, não existe assunto mais importante. A porção deles é pequena, e sempre é possível que nada – nada mesmo – resulte de bom. Muito acima deles figura o personagem que, pelo menos que eu saiba, ainda não surgiu no movimento cristão atual – o *Pregador* no sentido pleno, o Evangelista, o homem em fogo, que contagia. O propagandista, apologista, representa apenas João Batista. O Pregador representa o próprio Senhor. Será enviado – ou então, não. Mas, a não ser que ele venha, nós, meros intelectuais cristãos, não causaremos muito efeito. Isso não significa que devemos largar as armas.

Em segundo lugar, precisamos lembrar que o interesse generalizado e vivo em um assunto é exatamente o que chamamos de moda. E faz parte da natureza dela não durar muito tempo. O movimento cristão atual pode, ou não, ter um longo caminho à sua frente. Porém, mais cedo ou mais tarde, perderá o ouvido do público. Em um local como Oxford, essas mudanças ocorrem com rapidez extraordinária. Bradley e os outros idealistas caíram após poucos semestres, o esquema de Douglas durou ainda menos e os vorticistas desapareceram da noite para o dia.[2] (Alguém se lembra do pula-pula?[3] Alguém hoje lê *Childermass*?[4]) Qualquer que seja o sucesso presente conferido apenas pela moda, a moda logo acabará com ele. A verdadeira conversão permanece, ao contrário de tudo o mais.

---

2. F. H. Bradley (1846-1924) foi membro do Conselho da Merton College, em Oxford, autor de *Appearance and Reality* (Londres, 1893). O major C. H. Douglas, socioeconomista, escreveu, entre outras obras, *Social Credit* (Londres, 1933). Os vorticistas foram uma escola de artistas da década de 1920.

3. Praticamente ninguém. Pelo que consegui verificar, o pula-pula foi inventado em 1922. Era formado por uma haste com uma mola, sobre a qual a pessoa pulava.

4. *Childermass*, escrito por P. Wyndham Lewis (Londres, 1928).

Nesse sentido, talvez estejamos no limiar de um reavivamento cristão real e permanente, mas ele acontecerá devagar, sem chamar atenção, em pequenos grupos. A luz do Sol atual (se é que posso chamar assim) com certeza será temporária. O grão precisa estar no celeiro antes de começarem as chuvas.

Essa mutabilidade é o destino de todos os movimentos, modas, atmosferas intelectuais e seus semelhantes. O movimento cristão, no entanto, vai contra algo mais inflexível do que a mera inconstância da preferência. Ainda não encontramos (pelo menos em Oxford) nenhuma oposição ferrenha. Mas, se alcançarmos sucesso, ela com certeza, virá. O inimigo ainda não achou que vale a pena lançar todas as forças contra nós. Mas logo o fará. Isso acontece na história de todo movimento cristão, começando pelo ministério do próprio Cristo. Primeiro, bem recebido por todos que não têm motivos especiais para ir contra ele – nesse estágio, quem não é contra ele é a seu favor. O que as pessoas notam é a diferença entre ele e os aspectos do mundo que elas reprovam. Mais tarde, porém, quando o significado real do cristianismo se torna aparente – com sua exigência de rendição total e o abismo enorme entre natural e sobrenatural –, os homens se "ofendem" cada vez mais. Reprovação, terror e, por fim, ódio, se sucedem: ninguém que não dá o que ele pede (e pede tudo) pode suportá-lo e todos que não estão com ele se colocam contra ele. É por isso que não devemos cultivar imagens do movimento intelectual presente apenas crescendo, espalhando e, por fim, reivindicando milhões com raciocínio agradável. Muito antes que isso aconteça a oposição terá começado, e ficar do lado cristão talvez custe ao homem (pelo menos) sua carreira. Lembrem-se, todavia, de que a oposição na Inglaterra com muita probabilidade se chamará cristianismo (ou democracia cristã, cristianismo britânico, ou qualquer outro nome desse tipo).

Penso – mas como poderia saber? – que tudo vai razoavelmente bem. Porém, estamos no começo. Nem nós, nem os inimigos, vestimos a armadura. Os combatentes sempre tendem a imaginar que a guerra está mais distante do que ela realmente está.

14

Religião sem dogma?[1]
(1946)

Em seu trabalho *The Grounds os Modern Agnosticism* (Fundamentos do Agnosticismo Moderno), o professor Price defende as seguintes posições: (1) que a essência da religião é a crença em Deus e na imortalidade; (2) que na maioria das religiões atuais, a essência se encontra relacionada a "acréscimos de dogma e de mitologia"[2], que se mostraram inacreditáveis com o progresso da ciência; (3) que seria muito desejável, caso possível, manter a essência, removendo-se os

---

1. Este ensaio foi lido originalmente no Clube Socrático de Oxford, em 20 de maio de 1946, como resposta a *The Grounds of Modern Agnosticism* (Fundamentos do Agnosticismo Moderno), do professor H. H. Price, apresentado em 20 de outubro de 1944. Os dois trabalhos foram publicados em *Phoenix Quarterly* (outono de 1946). Embora o ensaio de Lewis tenha sido republicado posteriormente em *The Socratic Digest* (1948), fica evidente, por muitos erros que figuram na versão para o *Socratic* terem sido corrigidos na versão do *Quarterly*, que esta é a revisão final de Lewis. Além disso, incorporei ao texto apresentado aqui todos os comentários marginais e adições que Lewis fez em sua cópia do *Phoenix Quarterly*.

2. H. H. Price, *The Grounds of Modern Agnosticism*, Phoenix Quarterly, Vol. I, n. I (Outono de 1946), p. 25.

acréscimos; mas (4) que a ciência considerou quase tão difícil acreditar na essência quanto nos acréscimos. A doutrina da imortalidade envolve a visão dualista do homem como criatura composta, uma alma em estado de simbiose com um organismo físico. Mas, se a ciência considerar, com sucesso, o ser humano monasticamente, como um organismo singular cujas propriedades psicológicas derivam todas das físicas, a alma se tornará uma hipótese indefensável. Em conclusão, o professor Price encontrou nossa única esperança em determinada evidência empírica da alma, que lhe parece satisfatória. Na verdade, usou as conclusões da pesquisa física.

Temo discordar do professor Price desde o início. Não defino a essência da religião como crença em Deus e na imortalidade. Nos primeiros estágios, o judaísmo não cria na imortalidade e, por longo tempo, não possuía crença de relevância religiosa. A existência sombria de fantasmas no Sheol não era reconhecida por Jeová, e também não o levava em conta. No Sheol, tudo era esquecido. A religião tinha como centro o ritual e as exigências éticas de Jeová na vida presente e também, claro, os benefícios que se esperava receber dele. Com frequência, os benefícios são apenas deste mundo (netos, paz em Israel), mas bate-se repetidamente em uma mesma tecla religiosa. O judeu anseia pelo Deus vivo (Salmo 42:2), sente prazer na Lei dele, como no mel e em tesouros (Salmo 19:10), tem consciência de que, na presença de Jeová, é impuro de lábios e de coração (Isaías 6:5). A glória, ou o esplendor de um deus, é adorada por causa dela mesma. No budismo, por sua vez, vemos que a doutrina da imortalidade ocupa o centro, embora não haja nada especificamente religioso. O âmago da mensagem é a salvação da imortalidade e a libertação da reencarnação. A existência dos deuses não é descartada necessariamente, mas não tem qualquer importância religiosa. No estoicismo, ainda, tanto a qualidade religiosa quanto a crença na imortalidade variam, mas não em proporção direta. Até no próprio cristianismo encontramos uma expressão marcante, não totalmente afastada da influência do estoicismo, sobre a posição subordinada da imortalidade. Henry More encerra um poema sobre a vida espiritual afirmando que se, afinal, fosse mortal, estaria:

Satisfim
Um Deus solitário e mortal encontrou seu fim.[3]

Do meu ponto de vista, os exemplos do judaísmo e do budismo são de imensa importância. O sistema que não tem sentido sem a doutrina da imortalidade considera a imortalidade um pesadelo e não um prêmio. A religião, incluindo todas as antigas, ao mesmo tempo mais ética e mais divina, mal se interessa por essa questão. Crendo, como eu, em Jeová como ser verdadeiro, na realidade o *ens realissimum*, não canso de me admirar da sabedoria divina em treinar a raça

---

3. "Resolution", *The Complete Poems of Dr. Henry More*, ed. Alexander B. Grosart (Edinburgh 1878), linha 117, p. 175.

escolhida em uma religião durante séculos, antes de sequer aludir ao segredo da vida eterna. Ele agiu como o apaixonado rico em um romance, cortejando a empregada por seus próprios méritos, disfarçado de pobre, só revelando a ela que possui um palácio e um trono a oferecer depois que tem certeza de que ela o ama. Não consigo deixar de pensar que qualquer religião que comece com sede de imortalidade está condenada, como religião, desde o início. Até se alcançar determinado nível espiritual, a promessa da imortalidade operará sempre como suborno que corrompe toda a religião e inflama de forma infinita exatamente as preocupações pessoais que a religião precisa cortar e extirpar. Para mim, a essência da religião é o anseio por um final mais elevado que o natural, o desejo do eu finito, a aquiescência e a autorrejeição em favor de um objeto totalmente bom. Que a autorrejeição se tornará também em autodescoberta, que o pão lançado sobre as águas será encontrado após muitos dias, que morrer é viver — são esses os paradoxos sagrados que não devem ser revelados cedo demais à raça humana.

Discordando do professor Price quanto à essência da religião, naturalmente não posso, em certo sentido, discutir se a essência, como ele a define, coexiste com acréscimos de dogma e de mitologia. Admito, porém, que a essência, como eu a defino, sempre coexiste com outras coisas, e que até eu chamaria algumas delas de mitologia. Minha lista mitológica, contudo, não coincide com a dele, e nossa visão sobre a própria mitologia provavelmente é diferente. Claro que existem muitas visões diferentes sobre o assunto. Os mitos já foram aceitos como verdade literal, depois alegórica (pelos estoicos), como história confusa (por Evêmero)[4], como mentiras sacerdotais (pelos filósofos do Iluminismo), como ritual imitativo na agricultura trocado por proposições (nos dias de Frazer[5]). Partindo de uma filosofia naturalista, o resultado será provavelmente parecido com a visão de Evêmero ou com a de Frazer. Mas não sou naturalista. Acredito que muitas fontes se misturam na imensa massa de mitologia que chegou até nós – história verdadeira, alegoria, ritual, prazer humano em contar histórias etc. No entanto, incluo entre essas fontes o sobrenatural, tanto diabólico quanto divino. Aqui, precisamos tratar apenas do segundo. Se minha religião é errada, então ocorrências de aspectos semelhantes em histórias pagãs são, claro, exemplos do mesmo erro ou de outro similar. Mas, se ela é verdadeira, então, as histórias podem muito bem ser *preparatio evangelica*, traços divinos na forma poética e ritual da mesma verdade central que mais tarde foi enfocada e (digamos assim) tornada história na Encarnação. Eu me aproximei do cristianismo em virtude do interesse e da reverência pela melhor imaginação pagã, e amei Balder antes de Cristo e Platão antes de Agostinho; então, nunca considerei o argumento antropológico

---

4. Escritor siciliano (por volta de 315 a.C.) que desenvolveu a teoria de que as crenças antigas sobre os deuses tiveram origem na elaboração de tradições de pessoas históricas verdadeiras.

5. James George Frazer. *O ramo de ouro*, editora Zahar, 1982.

contra o cristianismo muito importante. Pelo contrário, não acreditaria no cristianismo se me forçassem a dizer que existem mil religiões no mundo, que 999 não passam de bobagem e a milésima (felizmente) é verdadeira. Minha conversão, em grande parte, dependeu de reconhecer o cristianismo como a conclusão, a atualização, a plenitude de algo que jamais estivera totalmente fora da mente humana. Até hoje acredito que o argumento agnóstico sobre semelhanças entre o cristianismo e o paganismo só funciona se você conhece a resposta. Se você começa sabendo, a partir de outros fundamentos, que o cristianismo é falso, então, as histórias pagãs serão apenas mais um prego no caixão, assim como, se você soubesse que não existem crocodilos, as histórias sobre dragões serviriam para confirmar sua descrença. Mas, se a verdade ou a falsidade do cristianismo é a questão discutida, então, o argumento antropológico é, com certeza, um petitio.

Há, claro, muitas coisas no cristianismo que aceito como fato e que o professor Price considera mitologia. Em uma palavra, são os milagres. A restrição é que a ciência provou que milagres não ocorrem. Segundo o professor Price, "uma deidade que intervém milagrosamente e suspende a lei natural não poderá nunca ser aceita pela ciência"[6], e daí ele passa a avaliar se podemos ou não acreditar no teísmo sem os milagres. Temo não ter entendido por que os milagres não podem ser aceitos pelos que aceitam a ciência.

---

6. Price, op. cit., p. 20.

O professor Price baseia sua visão na natureza do método científico. Diz que o método se fundamenta em duas pressuposições. A primeira é que todos os eventos estão sujeitos a leis, e acrescenta: "Não importa, para nossos propósitos, se as leis são 'deterministas' ou apenas 'estatísticas'[7]". Mas acrescento que isso importa à visão de milagre dos cientistas. A noção de que as leis naturais podem ser apenas estatísticas resulta da crença moderna de que a unidade individual da matéria não obedece a qualquer lei. A estatística surgiu para explicar porque, a despeito da ausência de lei para a unidade individual, o comportamento de grupos era regular. A explicação foi que, segundo princípio bem conhecido dos estatísticos, a lei das médias nivela as excentricidades individuais das inúmeras unidades contidas até nos menores grupos. Penso que, com esse conceito de ausência de leis para a unidade, toda a capacidade de impregnar-se do naturalismo do século XIX foi abandonada. Não adianta dizer que todos os eventos estão sujeitos a leis, se você diz também que todo evento que ocorre com unidades individuais *não* está sujeito a leis. Realmente, se definirmos a natureza como sistema de eventos no espaço-tempo, governados por leis interligadas, então a nova física admitiu que existe algo que não é a natureza. Se a natureza é um sistema interligado, então, o comportamento da unidade individual se encontra fora da natureza. Aceitamos a existência do que pode ser chamado de subnatural. Diante disso, por que não aceitar que existe também

---

7. Ibid.

o sobrenatural? Talvez seja verdade que a ausência de leis nos poucos eventos incluídos na natureza pelo subnatural seja sempre explicada pela lei das médias. Não se pode concluir daí que os grandes eventos não possam ser fornecidos pelo sobrenatural nem que eles também admitam explicação.

A segunda pressuposição que o professor Price atribui ao método científico é que "as leis só podem ser descobertas pelo estudo de regularidades publicamente observáveis".[8] Sem dúvida, elas podem. Isso não me parece ser uma pressuposição, mas, sim, uma proposição autoevidente. Todavia, o que isso tem a ver com o propósito? O milagre é, por definição, uma interrupção da regularidade. Descobrir uma regularidade é, por definição, não descobrir interrupções, mesmo que ocorram. Não se descobre um acidente ferroviário estudando Bradshaw: só presenciando ou ouvindo alguém que presenciou contar. Não se descobre feriados extras analisando o calendário escolar: é necessário esperar até serem anunciados. Mas, seguramente, isso não implica que quem estuda Bradshaw seja forçado a negar a possibilidade de acidentes ferroviários. Esse ponto do método científico mostra apenas (fato que ninguém, que eu saiba, negou) que, se os milagres *acontecem*, a ciência, como ciência, não prova nem deixa de provar a ocorrência. Não se pode tomar como material para a ciência o que não volta a ocorrer, e é por isso que a história não é ciência. Não podemos saber o que aconteceu com Napoleão na batalha de

---

8. Ibid.

Austerlitz pedindo a ele para repetir toda a luta no laboratório, com os mesmos combatentes, o mesmo terreno, o mesmo clima e na mesma época. É necessário recorrer aos registros. Na verdade, ainda não provamos que a ciência exclui milagres; provamos apenas que a questão dos milagres, como inúmeras outras, exclui a consideração em laboratório.

[9][O professor Price acha que não faria muita diferença transferir o tema dos milagres da ciência para a história (claro que não para os historiadores que evitam o problema, partindo de pressuposições materialistas). Nesse ponto preciso de cautela, pois não me declaro historiador nem crítico textual. Tomarei como base o livro *The Third Day* (O terceiro dia), de Sir Arnold Lunn.[10] Caso o autor esteja certo, a crítica bíblica, que teve início no século XIX, já cumpriu seu papel e a maioria das conclusões já foi suficientemente debatida, claro, à luz do materialismo do século XIX, e o pensamento popular continua a crer. O que posso afirmar com mais certeza é que, segundo os estudos que conheço melhor, esse *tipo* de crítica – que descobre que todo livro antigo foi escrito por seis autores anônimos bem providos de tesoura e cola, e que toda narrativa que suscita o mínimo interesse não é histórica – já começou a morrer. A fase do ceticismo arbitrário quanto ao cânone e ao texto de Shakespeare chegou ao fim:

---

9. Incluí, entre colchetes, para que o leitor não perca nada, as porções da versão *Socratic* do ensaio que Lewis omitiu na revisão para a publicação em *Phoenix Quarterly*.
10. Londres, 1945.

é razoável esperar que esse método seja, em breve, utilizado apenas em documentos cristãos e que sobreviva, apenas, na *Thinker's Library* e nas faculdades de teologia.]

Vejo-me, portanto, obrigado a discordar do segundo ponto do professor Price. Não acredito que a ciência tenha mostrado, ou, por sua natureza, possa algum dia vir a mostrar, que o elemento milagroso da religião é um erro. Claro que não me refiro aos efeitos psicológicos da ciência sobre os que a praticam ou leem os resultados. Pode bem ser que a aplicação contínua dos métodos científicos gere uma inclinação mental desfavorável aos milagres, mas inclusive nesse caso deve haver certa diferença entre as ciências. Com certeza, se pensarmos não nos milagres em particular, mas na religião em geral, há diferença. Em geral, matemáticos, astrônomos e físicos são religiosos, até mesmo místicos; biólogos, com muito menos frequência; economistas e psicólogos, muito raramente. Parece que, quanto mais o campo de estudo se aproxima do ser humano, maior a tendência a se afastar da religião.

Isso me leva ao quarto ponto do professor Price – pois prefiro deixar para depois as considerações sobre o terceiro. Deve estar ainda na memória que, no quarto ponto, ele afirma que a ciência minou não apenas o que ele considera acréscimos mitológicos à religião, mas também o que ele considera sua essência – para ele, teísmo e imortalidade. Até o ponto em que a ciência apresenta uma explicação satisfatória do homem como entidade apenas biológica, exclui a alma e, portanto, a imortalidade. Esse, sem dúvida, é o motivo que leva a maioria, ou quase, dos cientistas que lidam com o ser humano a serem os mais antirreligiosos.

Bem, caso o naturalismo esteja correto, então já chegou a esse ponto, no estudo do homem, alcançou vitória final e acabou com todas as nossas esperanças: não apenas a de imortalidade, mas também a esperança de encontrar significado em nossa vida aqui e agora. Por outro lado, se estiver errado, revelará aqui sua deficiência filosófica fatal, e creio que é isso que faz.

Na visão naturalista plena, todos os eventos são determinados por leis. Nosso comportamento lógico, ou seja, os pensamentos e o comportamento ético, incluindo ideais bem como atos de vontade, são governados por leis bioquímicas; elas, por sua vez, são dirigidas por leis físicas, que são declarações atuariais sobre os movimentos anárquicos da matéria. Essas unidades nunca pretenderam gerar o universo regular que vemos. A lei das médias (sucessora da *exiguum clinamen* de Lucrécio)[11] o produziu a partir da colisão das variações aleatórias em movimento. Os elementos químicos da Terra e o calor do Sol, juntos, geraram essa inquietadora enfermidade da matéria: a organização. A seleção natural, operando nas mínimas diferenças entre um organismo e outro, mexendo com o tipo de fosforescência ou miragem que chamamos de consciência – que, em determinados córtices, sob certos crânios, ainda em obediência a leis físicas, agora filtradas por leis mais complexas, assume a forma que

---

11. Pequena inclinação. *De Rerum Natura*, livro II, linha 292.

chamamos de pensamento. Essa foi, por exemplo, a origem deste ensaio, e também a origem do ensaio do professor Price. O que deveríamos chamar de "pensamento" não passa do último elo de uma cadeia casual, em que todos os elos precedentes foram irracionais. Ele falou daquela forma porque a matéria de seu cérebro se comportou de determinada forma, e toda a história do universo, até o presente momento, o forçou a se comportar assim. O que chamamos de pensamento é, essencialmente, fenômeno semelhante às outras secreções – a forma que o vasto processo irracional da natureza determinou para acontecer em tempo e espaço específicos.

Claro que nem ele nem nós percebemos isso enquanto estava acontecendo. Ele acreditava estar estudando a natureza das coisas, estar consciente, de certa forma, das realidades, inclusive sobressensoriais, fora de sua cabeça. Caso o naturalismo estrito esteja certo, todavia, Price se engana – ele estava apenas desfrutando de reflexo consciente de eventos irracionalmente determinados que ocorriam dentro de sua cabeça. Ele acreditava que seus pensamentos (nome que ele dava) poderiam ter relações com as realidades externas que chamamos de verdadeiro ou falso, embora, de fato, não são mais do que sombras de eventos cerebrais, não seja fácil perceber que poderiam ter qualquer relação que não fosse casual com o mundo exterior. E, quando o professor Price defendia os cientistas, comentando a devoção à verdade e a escolha da melhor luz que conhecem, pensou estar escolhendo uma atitude de obediência a um ideal. Ele não pensou que sofria apenas de uma reação determinada por fontes totalmente amorais e irracionais, tão aptas a decidir entre o certo e o errado quanto um soluço e um espirro.

Teria sido impossível para o professor Price escrever, e para nós lermos, seu ensaio com o mínimo interesse se ele e nós tivéssemos, conscientemente, defendido a posição do naturalismo estrito o tempo todo. Mas podemos avançar mais. Seria impossível aceitar o naturalismo caso acreditássemos nele real e consistentemente. O naturalismo é um sistema de pensamento, porém, para ele, pensamentos não passam de eventos com causas irracionais. De qualquer forma, considero impossível tomar os pensamentos que criaram o naturalismo dessa forma e, ao mesmo tempo, enxergá-los como discernimento real de uma realidade externa. Bradley fez a distinção entre *ideia-evento* e *ideia-criação*[12], mas parece-me que o naturalismo considera as ideias como simples eventos. O significado é uma relação de um tipo totalmente novo, tão remoto, misterioso e obscuro para o estudo empírico quanto a alma.

Talvez isso possa ser colocado de forma ainda mais simples. Cada pensamento particular (seja ele julgamento de fato ou de valor) pode ser abandonado sempre e por todos os homens no momento em que pode ser explicado por completo como resultado de causas irracionais. Sempre que você sabe que o que outra

---

12. "Spoken and Written English", *The Collected Papers of Henry Bradley*, editor Robert Bridges (Oxford, 1928), pp. 168-193.

pessoa diz se deriva totalmente de suas complexidades ou de um pedaço de osso que pressiona seu cérebro você deixa de dar importância ao que foi dito. Se o naturalismo, porém, fosse verdadeiro, então, todos os pensamentos seriam resultado de causas irracionais. Assim, todos os pensamentos seriam igualmente sem valor. Portanto, o naturalismo é sem valor. Se for verdade, então, não há como conhecer verdades. Ele corta a própria garganta.

[Lembro-me de certa vez terem me mostrado um tipo de nó que se desfazia se você tentasse amarrá-lo mais, e você acabava apenas com um pedaço de barbante na mão. O mesmo acontece com o naturalismo. Ele avança sobre um território após outro. Primeiro o inorgânico, depois os organismos inferiores, em seguida o corpo humano e, então, suas emoções. Quando, porém, dá o passo final e busca a explicação naturalista do pensamento, de repente o nó se desfaz. O último passo, fatal, invalida todos os precedentes: trata-se de raciocínio, que havia sido descartado. Portanto, precisamos abrir mão do pensamento, ou então começar de novo, da estaca zero.]

Não há motivo para, neste ponto, tratar do cristianismo nem do espiritualismo. Não precisamos que eles refutem o naturalismo, pois esse refuta a si mesmo. Não importa o que vamos acreditar sobre o universo, pelo menos temos certeza de que não creremos no naturalismo. A validade do pensamento racional, aceito em sentido completamente não naturalista, transcendental (caso você prefira assim), sobrenatural, é a pressuposição necessária de todas as outras teorias. Não faz sentido começar com uma visão do universo e tentar encaixar nela as alegações do pensamento que surgem mais tarde. Pensando, declaramos que nossos pensamentos são mais do que simples eventos naturais. Todas as outras proposições precisam se encaixar o melhor possível na afirmativa inicial.

Ao sustentar que a ciência não refuta os elementos milagrosos da religião, e que muito menos o naturalismo, tomado com rigor, pode refutar qualquer coisa além dele mesmo, não compartilho, claro, da ansiedade do professor Price para encontrar uma religião que possa existir sem o que ele chama de mitologia. Ele sugere o mero teísmo, crível por defender a imortalidade que, por sua vez, é apoiada pela pesquisa física. Claro que o professor Price não defende que a imortalidade, por ela mesma, provaria o teísmo: ela apenas removeria um obstáculo ao teísmo. Ele encontra a fonte positiva do teísmo na experiência religiosa.

Neste ponto, é muito importante decidir que pergunta fazemos. Podemos perguntar (1) se essa religião minimalista podada sugerida pelo professor Price é capaz, como entidade histórica, social e psicológica, de dar à sociedade novo coração, fortalecer a vontade moral e produzir todos os outros benefícios que, afirma-se, as antigas religiões produziram algumas vezes; por outro lado, podemos indagar (2) se essa religião minimalista é a verdadeira, ou seja, se contém as únicas proposições verdadeiras que podemos fazer sobre questões essenciais.

A primeira questão não é religiosa, mas, sim, sociológica. A mente religiosa, como a mente científica mais antiga, não tem qualquer interesse em proposições socialmente úteis. Ambas anseiam pela realidade, pelo totalmente objetivo, pelo que é o que é. A "mente aberta" do cientista e a vazia e silenciosa do místico são, ambas, esforços para eliminar o que é nosso para que o Outro possa falar. E se, afastando-se da atitude religiosa, falamos por um momento como meros sociólogos, precisamos admitir que a história não nos encoraja a esperar muito poder revigorador numa religião minimalista. Tentativas de encontrar uma religião assim não são recentes: vão desde Akhenaton[13] e Juliano, o apóstata[14], até o Lorde Herbert de Cherbury[15] e o falecido H. G. Wells. Onde ficam, porém, os santos, as consolações, os êxtases? A maior dessas tentativas foi a simplificação das tradições judaicas e cristãs que chamamos de islamismo. Contudo, ele manteve muitos elementos que o professor Price consideraria míticos e bárbaros, e sua cultura não é, de forma alguma, das mais ricas ou progressivas.

---

13. Akhenaton (Amenhotep IV), rei do Egito, subiu ao trono por volta de 1375 a.C., introduziu nova religião, em que o deus-Sol Rá (chamado Aton) substituiu Amon.
14. Imperador romano (361 d.C.-363 d.C.), criado como cristão compulsório, declarou-se pagão assim que subiu ao trono. Esforçou-se muito para reviver a adoração aos deuses antigos.
15. Edward Herbert (1583-1648), conhecido como "Pai do Deísmo", por defender que, entre as "noções comuns" adquiridas por instinto, estão a existência de Deus, o dever de adorar e de se arrepender e as recompensas e o castigo futuros. Ele afirmava que a "religião natural" havia sido corrompida pela superstição e pelos dogmas.

Também não vejo como tal religião, caso se tornasse força vital, seria preservada por muito tempo em sua liberdade dos dogmas. Deus deve ser entendido de forma panteísta, ou à maneira judaica, platônica, ou cristã? Para manter a religião minimalista em toda sua pureza, suponho que a resposta certa seria: "Não sabemos e devemos nos contentar em não saber". Contudo, esse será o fim da religião minimalista como assunto prático. A questão tem imensa importância prática. Se o Deus da religião do professor Price é uma espiritualidade impessoal difusa por todo o universo, igualmente presente, sempre do mesmo modo, em todos os pontos do tempo e do espaço, então Ele – ou Aquilo – com certeza será entendido como acima do bem e do mal, igualmente no bordel e na câmara de torturas, na indústria ou na sala de reuniões da universidade. Se, por outro lado, Ele é um ser pessoal fora de Sua criação, ordenando isso e proibindo aquilo, seguem-se consequências bem diferentes. A escolha entre essas duas visões afeta a escolha entre dois cursos de ação a cada momento, tanto na vida privada quanto na pública. Essa não é a única questão que surge. A religião minimalista sabe se Deus tem a mesma relação com todos os homens ou se relaciona apenas com alguns? Para se manter fiel ao caráter não dogmático, é preciso dizer mais uma vez: "Não pergunte". Se, contudo, essa é a resposta, então, a religião minimalista não pode excluir a visão cristã de que Deus estava presente de forma especial em Jesus, nem a visão nazista de que Ele está presente de forma especial na raça germânica, nem a hindu de que Ele está presente nos brâmanes, nem a da África Central de que Ele está no fêmur de um soldado britânico morto.

Todas essas dificuldades ficam ocultas enquanto a religião minimalista existe apenas no papel. Suponhamos, entretanto, que, de alguma forma, ela se estabeleça sobre tudo o que resta do Império Britânico e que o professor Price (com relutância e apenas pelo senso do dever) se torne o líder supremo. Creio que acontecerá uma das hipóteses a seguir: (1) no primeiro mês de seu reinado, ele se verá declarando as primeiras definições dogmáticas – por exemplo: "Não, Deus não é uma força amoral difusa por todo o universo, para quem queimar a viúva junto com o marido e a prostituição nos templos não são mais nem menos aceitáveis do que construir hospitais e ensinar as crianças; ele é um criador justo, separado de sua criação, que requer de vocês justiça e misericórdia"; ou (2) o professor Price não responderá. No segundo caso, não fica claro o que acontecerá? Os que chegaram à religião minimalista vindos do cristianismo conceberão Deus à semelhança dos judeus, platônicos e cristãos; os que eram hindus o conceberão de forma panteísta; e o homem comum, que não veio de lugar nenhum, o entenderá como criador justo em momentos de indignação moral e como panteísta nas horas de autoindulgência. Os ex-marxistas acreditarão que Ele tem presença especial no proletariado, enquanto os ex-nazistas pensarão que Ele está especialmente presente no povo germânico. E eles realizarão conferências mundiais nos quais falarão todos a mesma língua e chegarão a acordos muito edificantes: mas cada um irá querer dizer uma coisa totalmente diferente dos outros. Não se pode agir com base na religião minimalista, enquanto ela permanece minimalista. Assim que você age, adota um dos dogmas. Na prática, não será religião; não passará de novo colorido dado a tudo o que as pessoas já fazem.

[Submeto ao professor Price, com grande respeito, minha opinião: quando ele falou sobre o mero teísmo, assumiu, inconscientemente e durante todo o tempo, um conceito particular de Deus, ou seja, um dogma. E não acredito que ele o tenha deduzido apenas, ou principalmente, de sua experiência religiosa nem de um estudo da experiência religiosa em geral, que pode servir para apresentar quase qualquer tipo de Deus. Penso que o professor Price assumiu determinado tipo de Deus porque foi criado de certa maneira: o bispo Butler, Hooker, Tomás de Aquino, Agostinho, São Paulo, Cristo, Aristóteles e Platão se encontram, como se costuma dizer, "no sangue dele". Ele não começou totalmente do zero. Caso tivesse feito isso, caso Deus fosse, na mente dele, um ser acerca de quem nenhum dogma seja mantido, duvido que ele tivesse buscado aprovação social para conceito tão vazio. Toda força e todo valor da religião minimalista, para ele e para todos os outros que a aceitam, não derivam dela mesma, mas sim da tradição que é levada para ela.]

Em minha opinião, a religião minimalista deixará cada um fazendo o que fazia antes. Do ponto de vista do professor Price, isso não é uma objeção. Ele não buscava unidade, mas certa dinâmica espiritual que nos guiasse através da noite sombria da civilização. Imagino que ele se contentará caso a pesquisa física capacite as pessoas a prosseguir, ou a voltar, às diversas religiões que o naturalismo ameaçou e, se, com isso, conseguirem poder, esperança e disciplina. O problema é que, se a religião minimalista deixa os budistas como budistas, nazistas como nazistas, então, creio eu, nos deixará – homens ocidentais, mecanizados, democráticos, secularizados – exatamente onde estamos. Como a crença na imortalidade, sugerida pela pesquisa física, e em um Deus desconhecido, restaurará em nós a virtude e a energia de nossos antepassados? Parece-me que ambas as crenças, a não ser que sejam reforçadas por alguma outra coisa, serão muito sombrias e ineficazes para o homem moderno. Caso soubéssemos de verdade que Deus é justo, que tem propósitos para nós, que liderou uma batalha cósmica e que algum resultado real nasce de nossa conduta, então tudo contribuiria para o propósito. Ou, ainda, se declarações que alegam vir do outro mundo tivessem um sotaque realmente *indicador* de outro mundo, falassem sempre (como acontece até nas religiões inferiores) com aquela voz diante da qual nossa natureza mortal treme de espanto ou de alegria, então isso também contribuiria para o propósito. O deus do teísmo minimalista, contudo, é incapaz de provocar temor ou amor; só pode receber poder para isso nas fontes tradicionais em que, no conceito do professor Price, a ciência jamais permitirá que voltemos. Quanto às palavras dos médiuns... não quero ofender. Mas nem mesmo o espiritualista mais convicto poderá alegar que uma única sentença deles ocupou lugar entre os ditos de ouro da humanidade, nunca se aproximou (e muito menos igualou) no poder para elevar, fortalecer ou corrigir nem o segundo nível desses ditos. Alguém poderia negar que a imensa maioria das mensagens de espíritos jaz insignificante, abaixo do melhor que já foi pensado e dito, até mesmo neste mundo? Na maioria deles, encontramos banalidade e provincianismo, uma união paradoxal de afetação e entusiasmo, de insipidez e arrebatamento, que sugere que a alma dos mais ou menos respeitáveis acompanham Annie Besant[16] e Martin Tupper[17].

Não afirmo, com base na vulgaridade das mensagens que eles alegam vir dos mortos, que elas são falsas. Caso o fizesse, os espiritualistas responderiam que a baixa qualidade se deve a imperfeições do meio de comunicação. Que seja. Não estamos discutindo aqui a verdade do espiritualismo, mas seu poder para se tornar o ponto de partida de uma religião. E, para esse propósito, digo que a pobreza do conteúdo o desqualifica. Uma religião minimalista composta de mensagens espirituais e simples teísmo não tem poder para todas as cordas mais profundas de nossa natureza, ou para evocar qualquer reação nem ao menos semelhante à de um nível secular mais elevado – menos ainda na vida espiritual. Um deus sobre o qual não existem dogmas não passa de espectro. Não produz aquele

---

16. Annie Besant (1847-1933), ardorosa defensora de causas liberais, tornou-se membro da Sociedade Teosófica em 1889.
17. Martin Tupper (1810-1889) provavelmente é mais conhecido por sua obra *Proverbial Philosophy* (Filosofia em provérbios), com máximas e reflexões de lugar-comum escritas em forma rítmica.

temor ao Senhor que é o princípio da sabedoria e, portanto, não produz o amor em quem o temor se consuma. A imortalidade que as mensagens sugerem pode produzir em espíritos medíocres apenas o consolo vago para nossos anseios pessoais não redimidos, uma sequência sombria para a história deste mundo em que tudo dá certo (mas certo em sentido deplorável!), enquanto os mais espirituais sentirão que adquiriram novo horror à morte – o horror da mera sucessão infinita, prisão indefinida que prende a todos, *das Gemeine*.[18] A religião minimalista não apresenta nada capaz de convencer, converter ou (no sentido mais elevado) consolar; nada, portanto, que possa restaurar a vitalidade de nossa civilização. Não possui o valor necessário. Jamais controlará nem ao menos se igualará à nossa preguiça e cobiça naturais. Uma bandeira, um hino e uma gravata à moda antiga são mais fortes do que ela. E as religiões pagãs, então, nem se fala! Em vez de lançar minhas esperanças nela, quase prefiro voltar a ouvir as batidas do meu coração (que, pelo menos em certo sentido, é vida) e me unir ao cântico das Mênades:

> *Felizes aqueles com quem os Daimons*
> *Fizeram amizade, que participaram*
> *Das orgias divinas, santificando*
> *Seus dias de vida, até que a dança lhes pulse*
> *No coração, enquanto brincam*
> *Com Dionísio nas montanhas...*[19]

---

18. Johann Wolfgang Goethe, *Epilog zu Schillers Glocke*, I. 32. *Das Gemeine* significa algo como "aquilo que domina todos nós".

19. Eurípides, *Bacantes*, linha 74.

Sim, quase; quase prefiro ser pagão mergulhado em um credo desgastado.

Quase, mas não, claro, muito. Caso alguém seja obrigado a fazer tal escolha, talvez seja melhor passar fome em um universo totalmente secularizado e destituído de sentido do que relembrar a obscenidade e a crueldade do paganismo, que atraem por ser distorção da verdade e, por isso, manterem parte de seu sabor. Com esse comentário, porém, passei à segunda questão. Não esperem que, ao concluir esse ensaio, eu faça a apologia do cristianismo. Direi apenas algo que, de uma forma ou outra, sobre o qual talvez já tenha falado até demais. Se Deus não existe, nem a religião minimalista nem qualquer outra nos interessa. Não criaremos uma mentira nem mesmo para preservar a civilização. Se existe, todavia, é tão provável, quase que axiomático, que a iniciativa é totalmente Dele. Se Ele pode ser conhecido, será por autorrevelação Dele, não por especulação nossa. Portanto, nós o procuramos onde se alega que Ele se manifestou por meio de um milagre, por professores inspirados, por rituais prescritos. Há conflito nas tradições, mas, quanto mais as analisamos com simpatia, mais percebemos um elemento comum em muitas delas: o tema do sacrifício, da comunhão mística por meio do sangue derramado, da morte e renascimento, da redenção. Isso é muito claro, não há como deixar de notar. Temos todo o direito de usar a crítica moral e intelectual. O que não podemos fazer, em minha opinião, é simplesmente tomar o elemento ético e adotá-lo como religião por si só. Antes, na tradição que ao mesmo tempo é mais completamente ética e que muito transcende a simples ética – na qual os temas antigos do sacrifício e do renascimento reaparecem de forma que transcende, embora não revolte, nossa consciência e nossa razão – ainda podemos acreditar de modo razoável que temos a consumação de todas as religiões, a mensagem mais plena do outro, do criador vivo que, caso exista, tem de ser o Deus não apenas dos filósofos, mas dos místicos e dos selvagens, não somente na mente e no coração, mas também das emoções primitivas e dos picos espirituais que vão além de toda emoção. Podemos tomar a decisão racional de nos filiarmos à igreja, única instituição concreta a preservar, até hoje, a essência de todas as mensagens, pagãs e talvez pré-pagãs, que surgiram no mundo, e de começar a praticar a única religião que não se fundamenta em seleção de determinados elementos "elevados" de nossa natureza, mas, sim, em quebrar e reconstruir, morrer e renascer, dessa natureza em todas as partes: nem grego, nem judeu, nem gentio, antes, nova criação.

> [Nota: O debate entre Lewis e o professor Price não terminou aqui. Em The Socratic Digest, n. 4 (1948), figura uma réplica, escrita pelo professor Price, ao ensaio "Religião sem dogma?" de Lewis (p. 94-102). Depois, em reunião do Socratic Club, em 2 de fevereiro de 1948, G. E. M. Anscombe leu um trabalho intitulado "Réplica ao argumento do sr. C. S. Lewis de que 'O naturalismo refuta a si mesmo'". O trabalho de Anscombe foi

publicado posteriormente, na mesma edição do Digest
*(p. 7-15), como a réplica do professor Price. A senhorita
Anscombe criticou o argumento apresentados no ensaio
acima, e também o capítulo III, "A autocontradição
do naturalista", do livro* Milagres, *de Lewis (Londres,
1947). Os dois textos breves que se seguem são (A) o
registro no livro da Socratic da resposta de Lewis à senhorita
Anscombe, e (B) a réplica escrita por Lewis – os
dois textos foram publicados na mesma edição do* Digest
*mencionada acima (p. 15,16). Ciente da ambiguidade
do terceiro capítulo de* Miracles, *Lewis revisou esse capítulo
para a edição Fontana (1960) de* Miracles, *e o
capítulo III recebeu o título de "A dificuldade primordial
do naturalismo".]*

A

Em sua réplica, o sr. C. S. Lewis concordou que as palavras "causa" e "terreno" estavam longe de ser sinônimos, mas disse que o reconhecimento de um terreno pode ser a causa de aprovação, que só é racional quando o reconhecimento acontece. Negou que termos como "reconhecimento" e "percepção" possam ser usados com propriedade como um ato mental que faz com que a coisa percebida ou reconhecida não figure.

A senhorita Anscombe disse que o senhor Lewis não a havia entendido, de modo que a primeira parte da discussão ficou restrita aos dois debatedores, que tentaram esclarecer suas posições e diferenças. A senhorita Anscombe comentou que o senhor Lewis ainda não fazia distinção entre "ter razões" e "ter raciocinado", no sentido casual. Lewis entendeu que a preletora fazia a seguinte tetracotomia: (1) razões lógicas; (2) ter razões (psicológicas); (3) causas históricas; (4) causas científicas ou regularidades observadas. O ponto principal na réplica dele foi que uma regularidade observada é apenas o sintoma de uma causa, e não a própria causa, e, respondendo a uma interrupção do secretário, referiu-se a sua noção de causa como "mágica". Seguiu-se discussão aberta, em que alguns participantes tentaram mostrar à senhorita Anscombe que existe conexão entre terreno e causa, enquanto outros divergiam do presidente (Lewis), dizendo que o teste da validade da razão não pode jamais, em qualquer evento que seja, ficar na dependência de algo como o estado da corrente sanguínea. Por fim, o Presidente admitiu que a escolha da palavra "válida" não foi apropriada. A partir da discussão em geral, pareceu que o senhor Lewis teria que transformar seu argumento em um rigorosamente analítico, se sua noção de "validade" do efeito das causas permanecesse como o teste de todas as questões colocadas diante dele.

B

Admito que *válido* não foi uma boa palavra para o que eu queria dizer. *Verídico* (ou *verífico*, ou *verífero*) teria sido melhor. Admito também que a relação de causa e efeito entre eventos e o terreno e as consequentes relações entre as proposições são distintas. Como usamos a palavra *porque* nos dois casos, usaremos aqui *Porque* CE para a relação de causa e efeito ("Esta boneca sempre cai em pé *porque* CE seus pés são pesados."), e Porque TC para relação de terreno e consequência ("A é igual a C *porque* TC ambos são iguais a B.") No entanto, quanto mais acentuada se torna essa distinção, mais minha dificuldade cresce. Para um argumento ser verídico, a conclusão precisa se relacionar às premissas como consequências do terreno, ou seja, a conclusão existe *porque* TC certas outras proposições são verdadeiras. Por outro lado, nosso pensamento sobre a conclusão é um evento e deve se relacionar com os eventos que o precederam como efeito e causa, isto é, o ato do pensamento tem de ocorrer *porque* CE eventos anteriores ocorreram. Pareceria, portanto, que nunca pensamos na conclusão *porque* TC é consequência de seu terreno, mas apenas *porque* CE certos eventos prévios aconteceram. Sendo assim, não parece que a sequência TC cria mais probabilidade para pensarmos na verdadeira conclusão. E é exatamente isso que quero mostrar como a dificuldade do naturalismo.

15

Vivisseção (1947)

Há poucas coisas mais raras neste mundo do que ouvir um debate racional sobre vivisseção. Os contrários a ela costumam ser tachados de "sentimentalistas", e, com muita frequência, os argumentos a que recorrem justificam a acusação. Apresentam imagens de cachorrinhos bonitinhos deitados em mesas de cirurgia. O outro lado, porém, cai exatamente no mesmo erro. Também costumam defender a prática com a exibição de imagens de mulheres e crianças sofrendo e afirmam que essa dor só pode ser aliviada com os resultados da vivisseção. Claramente, os dois argumentos se dirigem à emoção, em especial à que chamamos piedade. E nenhum deles prova nada. Se a prática é certa – caso seja, será um dever –, então, a piedade pelo animal será uma tentação a que precisamos resistir para cumprir o dever. Se for errada, então a compaixão pelo sofrimento humano será a tentação mais provável a nos levar a agir erradamente. A verdadeira questão, contudo – *se* a vivisseção é certa ou errada – permanece no exato lugar em que se encontrava antes.

Um debate racional sobre o tema começa investigando se a dor é, ou não, um mal. Se não, o caso contra a vivissecção não existe. Todavia, o mesmo acontece com a defesa. Caso não ocorra no terreno da diminuição do sofrimento humano, não há como defender. E, se a dor não for um mal, não existe motivo para se tentar diminuir o sofrimento humano. Portanto, é necessário assumir como base de todo o debate que a dor é um mal, já que no caso contrário não há objeto para discussão.

Bem, caso a dor seja um mal, então infligi-la, considerando o ato em si mesmo, é um ato maligno. Mas existem males necessários. Há atos que seriam maus em sentido estrito, e, no entanto, são desculpáveis e até merecedores de louvor como meio para atingir um bem maior. Ao afirmar que causar a dor, pura e simplesmente, é ruim, não dizemos que ela jamais deve ser provocada. A maioria das pessoas pensa ser correto causar dor com propósito positivo – no dentista ou a punição justa e reformatória. Importante é que requer sempre uma justificativa. Nas mãos de quem causa dor está a responsabilidade de mostrar por que um ato que seria mau é, naquela circunstância específica, bom. Se encontramos uma pessoa causando prazer, cabe a nós (caso não concordemos) provar que sua ação é errada. Mas, se encontrarmos um homem provocando dor, caberá a ele provar que age corretamente. Se não conseguir, é perverso.

Bem, a única defesa para a vivissecção consiste em mostrar que é correto uma espécie sofrer a fim de que outra seja feliz. E aqui os caminhos se separam. O cristão e o "cientista" (naturalista) comum que defendem a prática seguem linhas bem diferentes.

O defensor cristão, em especial nos países latinos, tende a defender que temos o direito de fazer o que quisermos com os animais, porque eles "não têm alma". Mas o que isso significa? Caso os animais não tenham consciência, como saber disso? Com certeza, eles agem como se tivessem, ou, pelo menos, os animais dos níveis mais elevados o fazem. Em minha opinião, bem menos animais do que supomos possuem o que chamaríamos de consciência. Mas não passa de uma opinião. A menos que encontremos a justificativa para a vivisseção em outro terreno, não devemos correr o risco moral de atormentar os animais com base em uma simples opinião. Por outro lado, a declaração de que eles "não têm alma" pode significar que não têm responsabilidade moral e não são imortais. Entretanto, a ausência de "alma" nesse sentido dificulta em lugar de justificar a dor infligida, pois significa que eles não merecem sofrer, não recebem proveito moral com a disciplina da dor nem recompensa na vida futura pelo sofrimento nesta. Assim, todos os fatores que tornam a dor mais suportável e menos completamente maligna no caso dos seres humanos inexistem no caso dos animais. A ausência de alma, quanto à sua relevância na questão, serve de argumento contra a vivisseção.

A única linha de raciocínio para a defesa cristã afirma que a superioridade humana sobre os animais é fato real objetivo, confirmado pela Revelação e que o sacrifício de animais em benefício humano não passa de consequência lógica. Valemos "mais do que muitos pardais" (Mateus 10:31) e, ao lembrar isso, não nos limitamos a expressar predileção natural por nossa espécie apenas por ser a nossa, mas também refletindo uma ordem hierárquica criada por Deus e presente no universo quer a reconheçamos, quer não. A posição pode não ser satisfatória. Nossa falha está em pensar que uma Deidade benevolente pudesse querer que chegássemos a tais conclusões com base apenas na ordem hierárquica que criou. Podemos ter dificuldade para formular o direito humano de atormentar os animais em termos que não impliquem, também, o direito dos anjos atormentarem os homens. E podemos sentir que, embora a superioridade objetiva seja reivindicação justa dos homens, essa mesma superioridade deveria, em parte, *consistir em* não atuar como um vivissecador: deveríamos nos mostrar melhores do que os animais ao reconhecer que temos deveres para com eles, um dever que eles não têm para conosco. Em todas essas questões, todavia, é possível defender várias opiniões diferentes com toda sinceridade. Podemos respeitar o ponto de vista (mesmo sem concordar com ele) de um patologista cristão que, com base em nossa superioridade estabelecida por Deus, considera correto usar vivisseção, e a usa com muito cuidado, para evitar dor desnecessária, em temor diante da responsabilidade que assume, com a percepção vívida do modo elevado em que a vida humana deve ser vivida de modo que justifique os sacrifícios feitos por ela.

É evidente, porém, que a maioria das pessoas que pratica vivisseção não possui tal carga teológica, é naturalista e darwinista. Chegamos, aqui, a um fato bem alarmante. As mesmas pessoas que abandonam, sem pensar duas vezes, toda possibilidade de sofrimento humano que se coloque no caminho da "pesquisa" são as que, em outro contexto, negam com veemência toda diferença radical entre o homem e os outros animais. Na visão naturalista, os animais são, no fundo, o mesmo que nós. O homem nada mais é do que o antropoide mais esperto. Assim, todos os fundamentos em que o cristão poderia basear a defesa da vivisseção foram tirados de sob seus pés. Sacrificamos outras espécies em nosso benefício não por qualquer privilégio metafísico objetivo sobre elas, mas, simplesmente, porque nos pertencem. Essa lealdade à nossa espécie pode ser muito natural, mas não precisamos ouvir mais os naturalistas sobre "sentimentalismo" contra a vivisseção. Se a lealdade à nossa espécie, a preferência pelo homem em virtude do simples fato de serem homens, não for sentimento, então, o que será? Pode ser bom ou mau, todavia é, com toda certeza, sentimento. Use isso como base para lógica e veja o que ocorre!

Mas há um aspecto mais sinistro na vivisseção atual. Se mero sentimento justifica a crueldade, por que nos deteríamos em um sentimento por toda a raça humana? Há também sentimento nos brancos contra os negros, na *Herrenvolk* (raça dominante) contra os não arianos, nos povos "civilizados" ou "progressistas" contra os povos "selvagens" ou "retrógrados". Enfim, em nosso país, partido ou classe contra os outros. Se abandonarmos o antigo pensamento cristão da diferença completa entre homens e animais não haverá argumento para defender as experiências em animais que não inclua, também, a defesa das experiências em homens inferiores. Cortamos os animais só porque não são capazes de nos deter e porque estamos defendendo nosso lado na luta pela sobrevivência, e é lógico, como consequência, cortar deficientes, criminosos, inimigos ou capitalistas pelos mesmos motivos. Na verdade, as experiências em seres humanos já começaram. Todos sabemos o que os cientistas nazistas fizeram. Suspeitamos que nossos cientistas podem começar a fazer isso, em segredo, a qualquer momento.

É alarmante: os defensores da vivisseção venceram o primeiro tempo. Nos séculos XVIII e XIX, ninguém era considerado "excêntrico" se protestasse contra a vivisseção. Lewis Carroll protestou, se é que me recordo corretamente de sua famosa carta, com base nos mesmos argumentos que acabei de usar.[1] O dr. Johnson – cuja mente possui tanto *ferro* quanto a de qualquer outro – protestou em nota em *Cymbeline*, que merece ser citada por completo. No ato I, cena V, a rainha explica ao médico que quer venenos para fazer experiências em "criaturas que achamos que não vale a pena gastar com a forca – nenhuma é humana"[2]. O médico responde:

---

1. *Vivisection as a Sign of the Times, The Works of Lewis Carroll*, editor Roger Lancelyn Green (London, 1965), p. 1089-1092. Ver também *Some Popular Fallacies about Vivisection* (ibid. p. 1092-1100).

2. Shakespeare, *Cymbeline*, I, V, 19-20.

Vossa Alteza,
Com essa prática, endurecerás Vosso coração.[3]

Johnson comenta: "O pensamento, com certeza, seria ampliado caso o autor vivesse para se chocar com as experiências publicadas recentemente, feitas por uma raça de homens que praticou tortura sem piedade, relatou sem constrangimento e ainda ergue a cabeça acima de todos os seres humanos"[4].

São palavras dele, não minhas, e, na verdade, quase nem ousamos, atualmente, usar linguagem tão calma e direta. E o motivo é que o outro lado venceu. Embora a crueldade, mesmo contra animais, seja questão importante, a vitória aponta para questões ainda mais importantes. A vitória da vivisseção marca um grande avanço rumo ao triunfo do utilitarismo rude e amoral perante o mundo antigo da lei ética; triunfo em que nós, assim como os animais, já somos vítimas, sendo Dachau e Hiroshima as conquistas mais recentes. Para justificar a crueldade contra os animais, colocamo-nos no mesmo nível deles. Escolhemos a selva e temos que manter nossa decisão.

Note que não tratei do que acontece nos laboratórios. Claro que nos diriam que, surpreendentemente, quase não há crueldade. No momento, não tenho nada a ver com essa questão. Primeiro, precisamos descobrir o que deve ser permitido e, só depois, deixar nas mãos da polícia descobrir o que acontece.

---

3. Ibid., 23.

4. *Johnson on Shakespeare: essays and Notes Selected and Set Forth with an Introduction by Sur Walter Raleigh* (Londres, 1908, p. 181).

16

A ética dos textos bíblicos (1947)

Talvez um leitor que abra este livro[1] em uma livraria questione a necessidade de nova tradução de qualquer parte da Bíblia, e, principalmente, das Epístolas. "Será que já não temos," perguntaria, "a Versão Autorizada[2], na linguagem mais elaborada possível?" Conversei com pessoas que vão além e consideram uma tradução moderna não apenas desnecessária, mas, também, uma afronta. Não suportam as alterações nas palavras respeitadas há gerações; parece-lhes irreverência.

Há várias respostas que podem ser dadas a essas pessoas. Em primeiro lugar, o tipo de objeção que elas têm a uma nova tradução é muito semelhante à feita à primeira tradução para o inglês. Dezenas de crentes piedosos do século XVI rejeitaram a ideia de transformar

---

1. Este ensaio foi publicado originalmente como introdução a *Cartas às Igrejas novas*, Editora Vida Nova; última edição em 1972.
2. C. S. Lewis se refere à versão tradicional da Bíblia em inglês, também conhecida por King James. Os comentários que ele faz se aplicam ao mesmo choque, em português, entre as tradicionais versões de Almeida e as traduções em linguagem moderna. (N.T.)

o latim da Vulgata honrado há tanto tempo em inglês comum e (como se dizia deles) bárbaro. Pensavam que a verdade sagrada perdia a santidade quando privada do latim polissilábico, ouvido há tanto tempo nas Missas e nas Horas, e colocada em "linguagem que as pessoas usam" – impregnada de todas as associações cotidianas com o quarto do bebê, as estalagens, os estábulos e as ruas. A resposta de hoje é a mesma daquela época. O único tipo de santidade que as Escrituras podem perder (pelo menos o Novo Testamento) pela modernização é algo que nunca teve para seus autores e primeiros leitores. O Novo Testamento não foi obra de arte literária no grego original: não foi escrito em tom solene e eclesiástico, mas na língua falada na porção oriental do Mediterrâneo depois que o grego se tornou língua internacional e, portanto, perdeu a beleza e a sutileza. Vemos o grego sendo usado pelos que não têm um sentimento real pelas palavras gregas, porque elas não são as que usavam na infância. Seria grego "básico", uma língua sem raízes no solo, uma língua utilitária, comercial e administrativa. Isso nos choca? Mas não deveria acontecer, a não ser no mesmo nível em que a Encarnação deve nos chocar. A mesma humildade divina que decretou que Deus se tornaria o bebê no seio de uma camponesa, e mais tarde um pregador de rua preso pela polícia romana, determinou, também, que Ele pregaria em linguagem vulgar, prosaica e não literária. Se você aceita uma parte, tem de aceitar a outra também. A Encarnação, nesse sentido, é uma doutrina irreverente; o cristianismo, nesse sentido, é uma religião inapelavelmente irreverente. Quando esperamos que Ele viesse ao mundo em toda a beleza que hoje encontramos na Versão Autorizada, estamos tão longe da verdade quanto estavam os judeus que esperavam o Messias como grande rei terreno. A verdadeira santidade, beleza e sublimidade do Novo Testamento (e também da vida de Cristo) reside em outro aspecto, muito mais profundo.

Em segundo lugar, a Versão Autorizada deixou de ser uma boa (ou seja, clara) tradução. Não é mais inglês moderno: o significado das palavras mudou. O glamour antigo que a fez (no sentido superficial) tão "bela", "sagrada", "consoladora" e "inspiradora" a deixou, também, em vários lugares, incompreensível. Assim, onde Paulo diz "não sei de nada contra mim", a tradução é "não conheço nada por mim mesmo" (1 Coríntios 4:4 – tradução da autorizada, em língua inglesa). Foi uma boa tradução (embora antiquada mesmo para a época) no século XVI. Para o leitor moderno, não tem qualquer significado ou significa algo muito diverso do que São Paulo falou. A verdade é que, se vamos ter tradução, é necessário refazê-la periodicamente. Não existe tradução definitiva, porque a língua muda. Se seu filho precisa de roupas, não adianta comprar um único terno; a criança vai crescer e precisará de novas roupas.

Por fim, embora seja um paradoxo desagradável – devemos nos afastar algumas vezes da Versão Autorizada, se não por outra razão, exatamente *por* ser tão bela e tão solene. A beleza exalta, mas também amortece. Associações antigas agradam, mas também causam confusão.

Por meio dessa bela solenidade, as realidades arrebatadoras ou terríveis que o livro apresenta chegam até nós amenizadas, desarmadas, e nos limitamos a suspirar em veneração tranquila, enquanto deveríamos arder de vergonha, paralisados de terror ou empolgados de esperança e adoração. Será que a palavra "castigado" (João 19:1, AV) chega até nós como "chicoteado"? "Zombaram dele" (Mateus 17:29; Marcos 15:20; Lucas 22:63; 23:11, 36, AV) soa como "fizeram pouco caso dele" para nós?

Devemos, portanto, receber com alegria todas as novas traduções (desde que feitas por estudiosos sérios) e os que leem a Bíblia pela primeira vez agirão com sabedoria se não começarem com a Versão Autorizada – a não ser, talvez, pelos livros históricos do Antigo Testamento, em que as palavras arcaicas se encaixam nas narrativas. Entre as traduções modernas, considero particularmente boas a do dr. Moffatt[3] e a do Monsenhor Knox[4]. A obra em questão possui outro alcance: concentra-se nas Epístolas e fornece mais ajuda aos principiantes. O resumo preliminar no início de cada carta será muito útil, e quem nunca leu as cartas deve começar com a leitura do resumo e a reflexão sobre ele antes de tentar entender todo o restante. Eu teria poupado muito tempo e esforço caso este livro tivesse me caído nas mãos quando comecei a levar o cristianismo a sério.

---

3. James Moffatt (1870-1944) lançou uma tradução do Novo Testamento em 1913 e uma do Antigo em 1914. Ambas passaram por revisão em 1935.

4. Ronald A. Knox (1888-1957) publicou uma tradução do Novo Testamento em 1943 e uma do Antigo em 1949.

Quem deseja entender o cristianismo precisa ler as Epístolas. Quer gostemos, quer não, a maioria delas foi escrita por São Paulo, e ele é o autor cristão que não podemos evitar.

Um engano surpreendente tem dominado, há tempos, a mente moderna com relação a São Paulo. Muitos pensam que Jesus pregou uma religião agradável e simples (encontrada nos Evangelhos) e que São Paulo, posteriormente, a corrompeu numa religião cruel e complicada (encontrada nas Epístolas). Isso não tem qualquer fundamento. Todos os textos mais ameaçadores saem da boca de nosso Senhor; todos em que podemos basear a esperança de que todos os homens serão salvos provêm de São Paulo. Caso fosse possível provar que São Paulo alterou a mensagem de seu Mestre, ele teria alterado em sentido totalmente oposto ao que se supõe popularmente. Não existe, porém, evidência de uma doutrina pré-paulina diversa da que ele apresentou. As Epístolas são, na maioria das vezes, os mais antigos documentos cristãos que temos. Os Evangelhos são posteriores. Não são "o evangelho", a afirmação da fé cristã. Foram escritos para pessoas que já haviam se convertido, que já tinham aceitado "o evangelho". Deixaram de lado grande parte das "complicações" (ou seja, a teologia), porque o alvo eram leitores que já haviam sido instruídos nelas. Nesse sentido, as Epístolas são mais primitivas e mais centrais do que os Evangelhos – embora isso não se aplique, claro, aos eventos importantes que os Evangelhos narram. A ação de Deus (a Encarnação, a Crucificação e a Ressurreição) vem em primeiro lugar; as análises teológicas mais antigas dessa ação aparecem nas Epístolas; depois, quando a geração que conhecera o Senhor estava morrendo, os Evangelhos foram escritos para fornecer aos crentes o relato da grande Ação e de parte do que o Senhor falou. A concepção popular virou tudo de cabeça para baixo. Não é preciso ir muito longe para entender. No início de toda rebelião na história há uma fase em que ainda não se ataca a pessoa do rei. Você diz: "O rei é bom. Os ministros é que estão errados. Eles o apresentam de forma deturpada e corrompem os planos dele – que, tenho certeza, são bons, se os ministros os seguirem". E a primeira vitória consiste em decapitar alguns ministros. Só no estágio mais avançado você irá e decapitará o próprio Rei. De forma semelhante, o ataque contra Paulo no século XIX não passou da primeira etapa na revolta contra Cristo. Não havia muita gente disposta a atacar o próprio Cristo, de modo que adotaram o primeiro movimento costumeiro – atacar um de Seus principais ministros. Para isso, atribuíram a São Paulo tudo o que os desagradava no cristianismo. Infelizmente para sua causa, eles não impressionaram ninguém que houvesse realmente lido os Evangelhos e as Epístolas com atenção; mas, aparentemente, poucos o haviam feito, de modo que obtiveram a primeira vitória. São Paulo foi censurado e abandonado, e o mundo avançou para a etapa seguinte – atacar o próprio Rei. Para quem, entretanto, quer conhecer o que São Paulo e seus companheiros realmente disseram, a presente obra será de grande ajuda.

17

Viver na era atômica (1948)

Em certo sentido, damos importância demais à bomba atômica. A quem me perguntar como viver na era atômica, sinto vontade de responder: "Bem, do mesmo jeito que viveria no século XVI, quando a praga assolou Londres por quase um ano; ou como se estivesse na época dos vikings, em que invasores da Escandinávia podiam chegar e cortar sua garganta numa noite qualquer; ou, de fato, como quem já vive na era do câncer, na era da sífilis, na era da paralisia, na era dos ataques aéreos, na era dos acidentes ferroviários, na era dos acidentes rodoviários".

Em outras palavras, não vamos começar a exagerar na novidade da situação. Acreditem-me, senhores e senhoras, vocês e todos os seus amados já estavam condenados à morte antes da invenção da bomba atômica; e uma percentagem bem elevada de nós morrerá de formas desagradáveis. Na verdade, temos uma grande vantagem sobre nossos ancestrais – os anestésicos; mesmo assim, no entanto, vamos morrer. É completamente ridículo choramingar e viver com o semblante carregado porque os cientistas acrescentaram mais uma chance de morte dolorosa e prematura a um mundo repleto de tais chances, em que a morte não é uma chance, mas, sim, uma certeza.

Esse é o primeiro ponto a esclarecer, e a primeira ação é nos controlarmos. Se vamos ser destruídos por uma bomba atômica, que ela nos encontre realizando atividades humanas sensatas – orando, trabalhando, ensinando, lendo, ouvindo música, dando banho nas crianças, jogando tênis, conversando com amigos enquanto bebemos ou jogamos dardos, e não amontoados como ovelhas apavoradas, pensando em bombas. Elas podem destruir o corpo (até um micróbio pode fazer isso), mas não precisam dominar nossa mente.

Você pode alegar que não se preocupa com a morte – mesmo se for dolorosa e prematura. Claro que *isso* não é novidade. O que a bomba atômica trouxe de novo é a capacidade de destruir total e completamente a civilização. As luzes podem se apagar para sempre.

Assim, chegamos muito mais perto da verdadeira questão; mas deixe-me tentar esclarecer o que penso ser, exatamente, a questão. Qual era sua visão sobre o futuro definitivo da humanidade *antes* de a bomba atômica entrar em cena? O que você pensava que ia resultar de todo o esforço da humanidade? Qualquer um com um mínimo de percepção científica sabe a resposta, mas, estranhamente, quase ninguém a menciona. E a verdadeira resposta (quase inquestionável) é que, com ou sem bombas, a história terminará em NADA.

Os astrônomos não afirmam que este planeta será habitável para sempre. Os físicos não têm esperança de que a vida orgânica seja possibilidade permanente em alguma parte do universo material. Não apenas a Terra, mas o conjunto todo, todos os sóis do espaço, tudo terá fim. A natureza é um barco naufragando. Bergson fala do *élan vital* e Shaw, da "força vital", como se surgissem em ciclo sem-fim. Mas isso resulta de se concentrar na biologia e ignorar as outras ciências. Na realidade, tal esperança não existe. A longo prazo, a natureza não favorece a vida. Se a natureza é tudo o que existe, em outras palavras, se não existe Deus nem vida diferente em algum lugar fora da natureza, então, todas as histórias terão o mesmo fim: um universo do qual toda vida foi banida sem possibilidade de volta. Tudo terá sido um lampejo acidental, e não haverá ninguém nem ao menos para recordar o que passou. A bomba atômica, sem dúvida, pode encurtar a duração deste planeta, mas o conjunto, mesmo que permanecesse por bilhões de anos, será infinitesimalmente curto com relação ao oceano de tempo anterior e posterior, de modo que a duração não me causa qualquer empolgação.

O que as guerras, o clima (estamos diante de mais uma das periódicas eras glaciais?) e a bomba atômica fizeram de fato foi nos forçar a lembrar do tipo de mundo em que vivemos e que, durante a fase de prosperidade que precedeu 1914, quase esquecemos. Esse lembrete é bom, até certo ponto. Fomos despertados de um sonho bonito e agora podemos começar a falar sobre a realidade.

Vemos logo (assim que somos despertados) que a questão importante não é se a bomba atômica acabará com a "civilização", mas se a "natureza" – aquilo que a ciência estuda – é a única coisa que existe. Porque, caso a segunda resposta seja *sim*, a primeira se reduzirá a indagar se a frustração inevitável de todas as atividades humanas pode ser apressada por nossos atos em vez de acontecer no tempo natural. Claro que essa questão nos preocupa muito. Até em um navio que com certeza vai naufragar, mais cedo ou mais tarde, a notícia de que uma caldeira vai explodir agora não será ouvida com indiferença por todos. Contudo, quem sabia que o navio afundaria de qualquer modo não ficará, eu penso, tão desesperado quanto os que haviam esquecido esse fato e imaginavam que daria para chegar a algum porto.

Nossa mente, então, deve se preocupar com a segunda questão. Comecemos supondo que a natureza é a única coisa que existe. Suponhamos que nada existiu nem existirá a não ser essa brincadeira sem sentido de átomos no tempo e no espaço; que, em uma série de centenas de acasos (infelizmente) produziram coisas como nós – seres conscientes que agora sabem que sua própria consciência é um resultado acidental do processo sem sentido e, portanto, é sem sentido, embora, ai de nós!, *sintamos* que é importante.

Penso que, nessa situação, podemos agir de três formas:

    1. Cometer suicídio. A natureza que me deu (cega e acidentalmente), para meu tormento, esta

consciência que exige sentido e valor do universo que não oferece nenhum dos dois, me deu também, felizmente, o meio de me livrar de tudo isso. Devolvo o presente que não quero. Ninguém mais vai me fazer de bobo.

2. Decidir aproveitar o máximo que puder. O universo não tem lógica, mas, já que está aqui, aproveite o mais que conseguir. Infelizmente, nesses termos, há muito pouco a aproveitar – apenas os prazeres mais crus. Você não pode, exceto no sentido puramente animal e inferior, amar uma garota quando sabe (e fica lembrando) que toda a beleza física e de caráter dela não passam de um padrão acidental e momentâneo produzido pela colisão de átomos e que sua própria reação a ela nada mais é do que um tipo de fosforescência psíquica derivada do comportamento de seus genes. Não há como extrair muito prazer da música sabendo e relembrando que a aura de importância dela é pura ilusão, que você gosta apenas porque seu sistema nervoso está condicionado de forma irracional a gostar dela. Você pode, ainda, no sentido mais inferior, se divertir, desde que jamais se torne muito bom, desde que jamais surja a ameaça de levar você da sensualidade fria para o calor, entusiasmo e alegria reais, desde que seja forçado a sentir a desarmonia desanimadora entre suas emoções e o universo em que realmente vive.

3. Desafiar o universo. Você pode dizer: "Que tudo seja irracional, eu não sou. Se não houver

misericórdia, serei misericordioso. Não interessa o curioso acaso que me produziu, agora estou aqui e vou viver segundo os valores humanos. Sei que o universo vencerá no fim, mas não importa, vou cair lutando. Vou perseverar no meio de todo esse desperdício, vou fazer sacrifícios no meio de toda essa competição. Que se dane o universo!".

Suponho que a maioria das pessoas, embora continue materialista, adota uma alternância mais ou menos inquieta entre a segunda e a terceira atitudes. E, embora a terceira seja obviamente a melhor (é, por exemplo, a mais provável para "preservar a civilização"), as duas acabarão trombando na mesma pedra e naufragando. A pedra – desarmonia entre nosso coração e a natureza – é óbvia na segunda. A terceira parece evitar a rocha, aceitando a desarmonia desde o início e desafiando-a. Mas não funcionará. Nela, você sustenta nossos padrões humanos em contraste com a estupidez do universo. Ou seja, falamos como se nossos padrões fossem *exteriores* ao universo, que poderiam ser contrastados com ele, como se pudéssemos julgar o universo por padrões *adquiridos em outra fonte*. Mas, se (como vínhamos supondo) a natureza – o sistema espaço-tempo-matéria – for a única coisa que existe, então, sem dúvida não poderá haver nenhuma outra fonte para nossos padrões. Eles serão, como tudo mais, resultado não intencional e sem sentido de forças cegas. Longe de serem luz acima da natureza, pela qual podemos julgá-la, serão a única maneira pela qual os antropoides de nossa espécie sentem os vários estados

dos átomos sob nosso crânio – estados produzidos por causas irracionais, não humanas e não morais. Assim, a base da qual partimos para desafiar a natureza se desfaz sob nossos pés. O padrão que aplicamos vem maculado desde a origem. Se os padrões derivam do universo sem sentido, são tão destituídos de sentido quanto ele.

Para a maioria das pessoas modernas, penso eu, pensamentos desse tipo precisam desaparecer para a visão contrária receber atenção. Todo o naturalismo leva a esse final – divergência definitiva e inapelável entre o que a mente afirma ser e o que seria, caso o naturalismo seja verdade. Eles alegam ser espírito, ou seja, raciocínio, que percebe os princípios intelectuais universais, leis morais universais e livre-arbítrio. Mas, se o naturalismo for verdadeiro, precisam ser nada mais do que arranjos de átomos dentro do crânio, que se organizaram sem uma causa racional. Não pensaríamos em nada por ser verdade, mas apenas porque forças cegas da natureza nos obrigam a pensar. Jamais agiríamos corretamente por ser o certo, mas apenas porque as forças cegas da natureza nos forçam a fazer isso. Quando se deparam com essa conclusão absurda, as pessoas, enfim, estão prontas a ouvir a voz que sussurra: "Mas suponha que somos realmente espíritos? Suponha que não somos cria da natureza...?"

Não dá para acreditar na conclusão naturalista. Por um lado, para conhecer a natureza, precisamos confiar em nossa mente. Se a natureza plenamente conhecida parece nos ensinar (quer dizer, se as ciências ensinam) que a mente é uma organização aleatória de átomos, então, deve ter ocorrido um erro, pois, se não tivesse ocorrido, as ciências também seriam arranjo aleatório de átomos e não teríamos motivo para acreditar nelas. Há somente uma forma de evitar esse beco sem saída. Precisamos voltar a uma visão muito mais antiga. Precisamos aceitar que somos espíritos, seres livres e racionais, habitando, no momento, um universo irracional, e precisamos chegar à conclusão de que *não nos originamos dele*. Somos estrangeiros aqui. Viemos de outro lugar. A natureza não é a única coisa que existe. Há "outro mundo", e é dele que viemos. E isso explica porque não nos sentimos à vontade aqui. O peixe fica à vontade na água. Se "pertencêssemos" a este lugar, nos sentiríamos em casa. Tudo que falamos sobre evolução, morte, tempo, mutabilidade, a atitude meio divertida, meio tímida para com nosso corpo, tudo fica sem explicação na teoria de sermos apenas criaturas naturais. Se este mundo é o único que existe, por que achamos as leis dele tão terríveis ou então cômicas? Se não existe uma linha reta em outro lugar, como descobrimos que a linha da natureza está torta?

Entretanto o que, então, é a natureza, e como acabamos presos em um sistema tão diferente de nós? É estranho, mas a questão fica muito menos sinistra quando entendemos que a natureza não é tudo. No lugar de nossa mãe, ela aterroriza e chega a ser abominável. Porém, se ela é apenas nossa irmã – se tivermos o mesmo Criador –, se ela for nossa parceira de briga, então, a situação será bastante tolerável. Talvez não sejamos prisioneiros aqui, mas, sim, colonos: pense no que fizemos com os cães, com os cavalos e com as flores silvestres. Ela é uma companheira difícil. Há elementos de maldade nela. Explicar isso nos faria retroceder muito mais: eu teria de explicar os poderes e os principados e tudo que o leitor moderno considera mitológico. Aqui não é o lugar próprio, e essas questões não são primordiais. Basta dizer aqui que a natureza, como nós, mas sob outro aspecto, está separada do Criador, embora nela, tanto quanto em nós, restem traços da antiga beleza. Mas esses traços não devem ser adorados e sim desfrutados. Ela não tem nada a nos ensinar. Cabe a nós viver por nossas leis, não pelas dela: seguir, na vida privada ou na pública, a lei do amor e da temperança, mesmo quando parecem ser suicídio, e não a lei de competir e de agarrar, mesmo quando ela parece ser essencial para nossa sobrevivência. Faz parte de nossa lei espiritual jamais colocar a sobrevivência em primeiro lugar, nem mesmo a sobrevivência de nossa espécie. Precisamos nos convencer de que a sobrevivência do homem na Terra, muito mais do que a da nação, da cultura ou da classe, não vale a pena, a menos que seja alcançada por meios honrados e misericordiosos.

O sacrifício não é tão grande quanto parece. Nada tem mais potencial para destruir uma espécie ou uma nação do que a determinação de sobreviver a qualquer preço. Os que se preocupam com algo além da civilização são, provavelmente, os únicos que a preservarão. Os que mais querem o Céu são os que servem melhor à Terra. Os que amam os homens menos do que a Deus são os que fazem mais pelos homens.

18

A teoria humanitária da punição (1949)

Recentemente, tivemos, na Inglaterra, controvérsia sobre a pena de morte. Não sei se é mais provável o assassino se arrepender e terminar bem a vida na forca, poucas semanas após o julgamento, ou na enfermaria da prisão, trinta anos depois. Não sei se o medo da morte funciona como intimidação indispensável. Para os propósitos deste artigo, não preciso decidir se é uma restrição moralmente permissível. Pretendo deixar de lado essas questões. Meu tema não é a pena de morte em particular, mas a teoria da punição em geral, controvérsia que envolveu quase todos os meus compatriotas. Pode ser chamada de teoria humanitária. Os que a defendem pensam que é branda e misericordiosa. Penso que estao totalmente enganados. Creio que a "humanidade" que ela alega consiste em ilusão perigosa que disfarça a possibilidade de crueldade e de injustiça sem fim. Insisto na volta à teoria tradicional ou retributiva, não apenas, nem primeiramente, para atender aos interesses da sociedade, mas, sim, aos do criminoso.

Segundo a teoria humanitária, punir um homem porque ele merece, e segundo o que merece, não passa de vingança e, portanto, é um ato bárbaro e imoral. Defende que os únicos motivos legítimos para punir são o desejo de controlar outros pelo exemplo ou de corrigir o criminoso. Quando essa teoria se combina, como acontece com frequência, com a visão de que todo crime é mais ou menos patológico, a ideia de correção se liga à da cura, e a punição passa a ser terapêutica. Assim, parece, à primeira vista, que passamos da noção dura e farisaica de dar ao perverso o que ele merece para a caridosa e iluminada de cuidar os que sofrem de doença psicológica. Nada poderia ser mais bondoso. No entanto, um pequeno ponto tomado como certo precisa ser esclarecido. O que se faz com o criminoso, ainda que receba o nome de cura, será tão compulsório quanto era antigamente, quando chamávamos de punição. Se a psicoterapia pode curar a tendência a roubar, o ladrão, será forçado, sem dúvida, a passar pelo tratamento. Se não for assim, a sociedade se torna inviável.

Penso que, por mais misericordiosa que essa doutrina pareça, significa, de fato, que cada um de nós perde os direitos de ser humano assim que transgride a lei.

A razão é que a teoria humanitária remove da punição o conceito do merecimento, que é a única ligação entre a punição e a justiça. A sentença só será justa ou injusta no contexto do merecimento. Não defendo que a questão do merecimento é a única razoável a se indagar quanto à punição. Podemos, com muita propriedade, indagar se há possibilidade de restringir outros e de reformar o criminoso. Mas nenhuma dessas indagações trata de justiça. Não há sentido em falar de "intimidação justa" ou de "cura justa". Não queremos saber se a intimidação é justa; só nos interessa saber se vai intimidar. Não nos importa se a cura é justa; queremos saber se vai ser bem-sucedida. Assim, quando deixamos de levar em conta o que o criminoso merece e pensamos apenas no que o curará ou intimidará os outros, nós o removemos completamente da esfera da justiça; em lugar de pessoa, com direitos, nós nos vemos diante de mero objeto, um paciente, um "caso".

A distinção ficará mais clara se indagarmos quem se qualificará para receber determinadas sentenças quando elas não derivarem sua propriedade dos merecimentos do criminoso. Na antiga visão, o problema de fixar uma sentença era uma questão moral. Por isso, o juiz era treinado em jurisprudência, ou seja, uma ciência que lida com direitos e deveres e que, pelo menos na origem, aceitava conscientemente a orientação da lei da natureza e das Escrituras. Não há como negar que, no código penal atual da maioria dos países, em geral essas origens foram tão alteradas por costumes locais, interesses de classes e concessões unilaterais que mal são perceptíveis. Mas a lei nunca esteve, em princípio, nem sempre de fato, fora do controle da consciência da sociedade. E, quando (na Inglaterra do século XVIII, por exemplo) a punição se chocava violentamente com o senso moral da comunidade, os jurados se recusavam a condenar e a reforma, por fim, acontecia. Isso era possível, provavelmente, porque, à medida que pensamos em termos de Merecimento, a propriedade do código penal, sendo uma questão moral, é uma questão em que cada homem tem direito a sua opinião, não por seguir determinada linha de pensamento, mas apenas por ser homem, animal racional que desfruta da Luz Natural. No entanto, tudo muda quando abandonamos o conceito do Merecimento. As duas únicas indagações a fazer sobre a punição é se serve como restrição e se cura. Mas o homem não responde a essas perguntas apenas por ser homem. Não tem uma opinião automática nem mesmo se, além de ser homem, for jurista, cristão ou teólogo moral. Não são questões sobre princípios, mas sobre prática, e por isso *cuiquam in sua arte credendum*[1]. Apenas o "penólogo" (que as coisas bárbaras tenham nomes bárbaros), à luz de experimentos anteriores, pode dizer até que ponto a pena pode servir como restrição. Só o psicoterapeuta poderá dizer se atuará como cura. Em vão o resto das pessoas, falando simplesmente como homens, dirá que "a punição é injusta, tremendamente desproporcional ao merecimento do criminoso". Os especialistas replicam, com lógica perfeita, que "ninguém falava sobre merecimento, nem sobre *punição*, no sentido arcaico de vingança. Estatísticas provam que essa conduta serve para constranger outros e que o tratamento cura. Qual é o problema?"

---

[1]. Devemos confiar no especialista em seu campo de conhecimento.

A teoria humanitária, então, retira a sentença das mãos dos juristas, a quem a consciência pública critica, e a coloca nas mãos de técnicos cuja ciência nem ao menos inclui categorias como direitos e justiça. Poder-se-ia alegar que, uma vez que essa transferência resulta de abandono de ideias antigas sobre punição e, portanto, de todos os motivos de vingança, seria mais seguro deixar os criminosos sob a responsabilidade dos técnicos. Não vou me deter para comentar a visão simplista da natureza humana decaída que essa postura demonstra. Em lugar disso, lembremos que a "cura" dos criminosos será compulsória e vejamos como a teoria realmente funciona na mente do humanitário. O que motivou este artigo foi uma carta que li em um de nossos semanários de orientação esquerdista. O autor defendia que determinado pecado, hoje considerado crime pela lei, deveria, daqui em diante, ser tratado como doença. Alegava que, no sistema atual, o criminoso passaria algum tempo na cadeia e depois voltaria a seu ambiente original, onde provavelmente voltaria à mesma prática. Ele não reclamava da prisão, mas, sim, da libertação. Na visão medicinal da punição, o criminoso seria, claro, detido até ser curado. Evidentemente, caberia apenas aos responsáveis pela prisão determinar o momento da cura. O primeiro resultado da teoria humanitária é, portanto, substituir uma sentença definida (que reflete, até certo ponto, o julgamento moral da sociedade quanto ao nível de gravidade envolvido) por uma sentença indefinida, cujo fim acontecerá somente segundo a palavra dos especialistas – que não são autoridade em teologia moral, nem em Lei da Natureza – que a determinam. Qualquer pessoa que se sente no banco dos réus preferirá ser julgada pelo sistema antigo.

Pode-se alegar que, por usar as palavras "sentença" e "punição", interpreto erroneamente os humanitários, que não condenam, não punem, apenas curam. Mas não podemos nos enganar com palavras. Não faz a menor diferença se o nome que se dá é punição ou outro qualquer, quando sou afastado sem consentimento de casa e dos amigos, perco a liberdade, passo por todos os ataques à personalidade que a psicoterapia moderna sabe tão bem realizar, sou reconstruído segundo um padrão de "normalidade" criado em um laboratório de Viena, com o qual nunca afirmei concordar, saber que esse processo só acabará quando meus captores obtiverem sucesso ou eu me tornar esperto o suficiente para enganá-los, fingindo o sucesso deles – quem se importa se isso é chamado de punição ou não? É óbvio que aqui está incluída a maioria dos elementos pelos quais se teme a punição – vergonha, exílio, cativeiro, anos devorados pelo gafanhoto. Apenas a má retribuição explicaria isso; mas a má retribuição é exatamente o conceito que a teoria humanitária descartou.

Se nos voltarmos da justificativa de cura para a da intimidação, veremos que a nova teoria para punição é ainda mais alarmante. Quando punimos um homem *in terrorem*[2], para fazer dele "exemplo" para os outros, estamos, reconhecidamente, usando-o como meio para

---

2. Para aterrorizar.

atingir um fim, e o fim de outra pessoa. Isso, por si só, é perversidade. A teoria clássica da punição justificava a atitude com a explicação de que o culpado merecia isso. Tal opinião se estabeleceu antes de surgir qualquer questionamento sobre "fazer dele um exemplo". Nessa época, segundo o ditado, matava-se dois coelhos com uma cajadada só: no processo de dar o que a pessoa merecia, estabelecia-se o exemplo para os outros. Porém, tire a retribuição e toda a moralidade da punição desaparece. Por que, gostaria de saber, devo ser sacrificado dessa maneira pelo bem da sociedade? – a não ser, claro, que eu mereça.

Mas isso não é o pior. Se a justificativa da punição como exemplo não se baseia na retribuição, mas apenas em sua eficácia como restrição, não há nenhuma necessidade de que a pessoa a ser punida tenha cometido o crime. O efeito da restrição requer que o público conclua que "se eu realizar este ato, sofrerei como aquele homem". A punição de alguém realmente culpado, mas considerado pelo público como inocente, não terá o efeito desejado, o que acontecerá, caso o homem seja inocente e o público o considere culpado. Todos os Estados modernos, porém, têm poderes que facilitam a criação de uma trilha falsa. Quando se precisa urgentemente de uma vítima que sirva de exemplo e não se encontra um culpado, todos os propósitos de restrição serão atendidos com a punição (chame de "cura", caso prefira) de uma vítima inocente, desde que o público seja convencido de se tratar de um culpado. Não adianta me perguntar por que suponho que nossos governantes seriam tão perversos. A punição de um inocente, ou seja, de alguém que não a merece, só é perversidade se apoiarmos a visão tradicional de que punição justa é sinônimo de punição merecida. Se abandonarmos tal critério, todas as punições deverão ser justificadas sob outras alegações que não a retribuição. Se a punição do inocente for justificada nessa base (e poderia, em certos casos, ser justificada como restrição), não será menos moral do que qualquer outra punição. Qualquer desagrado por parte dos humanitários não passará de resquício da teoria da retribuição.

É muito importante notar que, até aqui, meus argumentos não incluíram suposição de intenções perversas por parte dos humanitários e consideraram apenas o que está envolvido na lógica da posição deles. Penso que os homens bons (não os maus), agindo sempre com base nessa teoria, acabariam agindo com tanta crueldade e injustiça quanto os maiores tiranos. Em determinados aspectos, poderiam agir de forma ainda pior. De todas as tiranias, talvez a pior e mais opressora seja aquela exercida pelo bem de suas vítimas. Pode ser melhor viver sob barões que roubam do que sob déspotas morais onipotentes. A crueldade do barão que rouba pode dormir às vezes, a cobiça pode ser saciada a certa altura; no caso dos que nos atormentam para nosso próprio bem, entretanto, o tormento não tem fim, pois eles agem com a aprovação da própria consciência. Podem ser candidatos mais prováveis para o Céu, e ao mesmo tempo os mais prováveis para fazerem deste mundo o Inferno. Até a bondade deles tem um toque de insulto intolerável. Ser "curado" contra a vontade, de estados que talvez não consideremos doença, é ser colocado no nível dos que ainda não chegaram à idade da razão ou dos que nunca a alcançarão, é ser nivelado aos bebês, aos dementes e aos animais domésticos. Ser punido, todavia, mesmo que com severidade, por merecer, porque deveria saber que estava agindo errado, é ser tratado como pessoa humana, feita à imagem de Deus.

Na realidade, contudo, temos de enfrentar a possibilidade de maus governantes adotarem uma teoria de punição humanitária. Grande número de projetos populares para uma sociedade cristã são apenas o que os elizabetianos chamavam de "ovos ao luar", pois pressupõem que toda a sociedade é cristã, ou que os cristãos estão no controle, o que não acontece na maioria dos Estados contemporâneos. Mesmo se acontecesse, os governantes ainda seriam homens caídos e, portanto, não muito sábios nem muito bons. Na situação presente, em geral são incrédulos. Como sabedoria e virtude não costumam ser as qualificações únicas ou mais comuns para uma posição no governo, eles não são nem mesmo os melhores incrédulos. O problema prático da política cristã não reside em elaborar esquemas para uma sociedade cristã, mas, sim, em viver, com a maior inocência possível, com os súditos incrédulos, sob o domínio de governantes incrédulos, que nunca serão perfeitos em sabedoria e bondade e, algumas vezes, serão bem perversos e tolos. E, quando forem perversos, a teoria de punição humanitária colocará nas mãos deles um instrumento de tirania mais perverso do que todos que foram usados antes dele. Pois se crime e doença são a mesma coisa, segue-se que qualquer estado mental que os senhores decidirem classificar como "doença" pode ser tratado como crime e receber a cura compulsória. Será vão alegar que nem sempre os estados mentais que desagradam o governo envolvem depravação moral e que não merecem sempre a privação da liberdade. Os senhores não usarão conceitos de retribuição e punição, mas sim de doença e cura. Sabemos que um ramo da psicologia já considera religião uma neurose. Quando essa neurose específica se tornar inconveniente para o governo, o que o impedirá de empreender a "cura"? Claro que ela será compulsória; sob a teoria humanitária, entretanto, não receberá o nome chocante de perseguição. Ninguém nos acusará por sermos cristãos, nem nos odiará, nem nos insultará. O novo Nero se aproximará com as maneiras polidas de um médico e, embora tudo seja compulsório como a *tunica molesta* de Smithfield ou Tyburn, acontecerá na esfera terapêutica destituída de emoção, onde nunca se ouve palavras como "certo", "errado", "liberdade" e "escravidão". Assim, dada a ordem, todo cristão de destaque desaparecerá da noite para o dia, sugado pelas Instituições para Tratamento dos Ideologicamente Imperfeitos, onde permanecerão até que os carcereiros declarem (se é que o farão) que podem reaparecer. Mas isso não será perseguição. Mesmo se o tratamento for doloroso, durar a vida toda, mesmo se for fatal, será apenas um acidente lamentável. A intenção era unicamente terapêutica. Até na medicina comum há cirurgias dolorosas e fatais. O mesmo acontece aqui. Mas, como são "tratamento" e não punição, só podem ser criticados por outras autoridades, em termos técnicos, nunca pelo homem comum na esfera da justiça.

Por isso creio ser essencial me opor à teoria humanitária da punição, do começo ao fim, em qualquer lugar que a encontre. Ela tem aparência de misericórdia totalmente falsa, capaz de enganar homens de boa vontade. Talvez o engano tenha começado quando Shelley afirmou que a distinção entre misericórdia e justiça foi inventada nas cortes dos tiranos. Parece comentário nobre, mas na verdade é um engano de uma mente nobre. A distinção é essencial. A visão anterior era que a misericórdia "temperava" a justiça, ou (no nível mais elevado) que a misericórdia e a justiça se encontraram e se beijaram. O ato essencial da primeira era perdoar, e o perdão, em sua essência, envolve o reconhecimento da culpa e da falta de merecimento de quem o recebe. Se o crime for apenas uma doença que precisa de cura, e não pecado que merece punição, não pode ser perdoado. Você pode perdoar um homem por ter terçol ou um pé torto? Mas a teoria humanitária pretende simplesmente abolir a justiça e colocar a misericórdia em seu lugar. Isso implica você ser "bondoso" com as pessoas antes de levar em conta os direitos delas, e depois obrigá-las a aceitar uma suposta bondade que apenas você reconhecerá como bondade e quem a recebe sentirá que é a mais abominável das crueldades. Você errou o alvo. Misericórdia, separada da justiça, vira crueldade. Esse é o paradoxo importante. Assim como certas plantas só crescem no solo das montanhas, parece que a misericórdia só floresce nas fendas da rocha da justiça: transplantada para as campinas do humanitarismo simples, torna-se erva daninha que consome pessoas, ainda mais perigosa por continuar a ser chamada pelo nome que tinha nas montanhas. Deveríamos ter aprendido essa lição há muito tempo. Deveríamos ser velhos demais para ser enganados pelas pretensões humanas que serviram para abrir caminho para todas as crueldades no período revolucionário em que vivemos. São o "excelente óleo" que irá "quebrar-me a cabeça" (Salmo 141:5 – ACF).

Bunyan expressou de forma primorosa: "Assim que a palavra entrou em minha mente, passei a empenhar-me por fechar os olhos à luz."[3]. John Ball expressou em versos:

> *Seja guerra ou sejam ais;*
> *Saiba que se libertou de sua tolice*[4].

---

3. *O peregrino*, ed. James Banton Wharey, segunda edição revista por Roger Sharrock, Oxford English Texts (Oxford, 1960), Parte I (p. 70).
4. "John Ball's Letter to the Peasant of Essex, 1381", linhas 11,12, encontrado em *Fourteenth Century Verse and Prose*, ed. Kenneth Sisam (Oxford, 1921, p. 161).

PARTE II

Sobre a Punição: Réplica por C. S. Lewis (1954)

Preciso agradecer ao editor a oportunidade para replicar às duas críticas mais interessantes a meu artigo sobre a Teoria Humanitária da Punição, uma escrita pelo professor J. J. C. Smart[5] e, a outra, pelos doutores N. Morris e D. Buckle[6].

O professor Smart faz uma distinção entre questões de primeira e de segunda ordem. Na "primeira" estariam questões como: "Será que devo devolver este livro?"; na "segunda", como: "Fazer promessas é um bom costume?". Ele defende que as questões de uma ordem devem ser tratadas de forma diferente das que pertencem à outra. A primeira pode ser respondida pela intuição (no sentido em que os filósofos da moral algumas vezes usam essa palavra). "Vemos" logo o que é "certo", já que a ação proposta se encaixa em uma regra. As questões da segunda ordem, contudo, só podem ser respondidas mediante princípios "utilitários". Se "certo" significa "de acordo com as regras", não faz sentido perguntar se as regras são "certas"; o único questionamento é saber se são úteis. Podemos estabelecer um paralelo: diante da ortografia de determinada palavra, podemos indagar se está escrita corretamente, mas não se o sistema ortográfico está correto – apenas

---

5. "Comment: The Humanitariam Theory of Punishment", *Res Judicatae*, Volume VI (fevereiro de 1954, p. 368-371).

6. "Reply to C. S. Lewis", *Res Judicatae*, Volume VI (junho de 1953, p. 231-237).

se é consistente ou conveniente. Ou, ainda, uma forma pode ou não ser correta segundo a gramática, mas não se pode questionar toda a gramática de uma língua.

Evidentemente, aqui o professor Smart trata de forma diferente uma distinção muito antiga, adotada por todos os pensadores do passado: você deve decidir entre duas opções: (a) se um ato foi "justo" no sentido de estar de acordo com a lei ou com os costumes ou (b) se a própria lei é "justa". Para os que viveram na Antiguidade e na Idade Média, porém, a distinção era entre (a) justiça pela lei ou por convenções, *nomo* (*i*), e (b) justiça "simples" ou "por natureza", *haplôs* ou *physei*. Ou, então, distinção entre (a) Lei Positiva e (b) Lei Natural. As posições versavam, ambas, sobre justiça, contudo, a distinção entre elas era reconhecida. A novidade no sistema do professor Smart consiste em restringir o conceito de justiça às questões do primeiro tipo.

Alega-se que o novo sistema (1) evita um *petitio* inerente a qualquer apelo à Lei da Natureza ou apenas "justo"; pois "dizer que essa é a Lei da Natureza nada mais é do que afirmar que essa é a que devemos adotar"; e (2) abandona o subjetivismo dogmático. A ideia de restituição em meu artigo não passaria de "preferência pessoal de Lewis".

Não estou convencido, todavia, de que o sistema do professor Smart evita essas inconveniências.

Devem ser aceitas as regras úteis à comunidade, sendo a utilidade (penso eu) o que torna a comunidade "mais feliz"[7]. Resta saber se essa felicidade deve

---

[7]. Veja o penúltimo parágrafo do artigo do professor Smart.

ser buscada *a todo custo* ou apenas até o ponto em que a busca é compatível com determinados graus de misericórdia, dignidade humana e veracidade. (não posso acrescentar "justiça" porque, segundo o professor smart, as regras não podem ser justas ou injustas por elas mesmas.) se escolhermos a segunda alternativa, se admitirmos que há atitudes, ou até mesmo só uma atitude, que a comunidade não deve adotar, por mais que aumente sua felicidade, então, desistimos mesmo de nossa posição. julguemos, agora, a utilidade segundo outro padrão (seja ele chamado de consciência, raciocínio prático, lei natural ou preferência pessoal). suponhamos, então, que seguiremos a primeira alternativa: a felicidade da comunidade perseguida a todo custo. em certas circunstâncias, o custo pode ser muito alto. na guerra, num futuro não de todo improvável, quando faltar alimento no mundo, durante uma ameaça de revolução, provavelmente acontecerão coisas bem chocantes para tornar a comunidade mais feliz ou para preservar-lhe a existência. não há como ter certeza de que conspirações, caça às bruxas e até mesmo canibalismo não cheguem, um dia, até a ser "úteis" nesse sentido. suponhamos que o professor smart esteja pronto a resolver o assunto (o que, tenho certeza, é falso). resta, então, perguntar-lhe por que segue esse caminho ou por que deveríamos concordar com ele. ele, mais do que as outras pessoas, não pode responder que *salus populi suprema lex*[8] é a Lei da Natureza. Em primeiro lugar, porque sabemos

---

8. "A segurança das pessoas é a lei principal"; Cícero, *De Legibus*, livro III, parte iii, seção 8.

que "as pessoas devem ser preservadas" não é a Lei da Natureza, mas apenas uma de suas cláusulas. Assim, o que deve ser buscado como felicidade da comunidade a todo custo que não seja a "preferência pessoal" do professor Smart? A verdadeira diferença entre eu e ele seria apenas que temos desejos diferentes. Ou melhor, que eu tenho um desejo a mais do que ele. Como ele, quero a continuidade e a felicidade de meu país (e de minha espécie)[9], mas também desejo que sejamos um povo de determinada natureza, com certos comportamentos específicos. O segundo desejo é mais forte. Se não posso ter as duas coisas, gostaria que a raça humana, vivendo de certa maneira, pudesse continuar por somente uns poucos séculos a mais e que, mesmo perdendo liberdade, amizade, dignidade e misericórdia, mas aprendendo a viver bem sem esses elementos, continue a viver por milhões de anos. Se estamos falando apenas de desejos, não há mais nada a discutir. Muita gente pensa como eu e muita gente discorda de mim. Creio que na presente era estamos decidindo que tipo de homem vencerá.

E é por isso que digo: se eu puder dizer isso sem faltar com a cortesia, que eu e o professor Smart temos pouca importância quando comparados aos doutores Morris e Buckle. Somos meros acadêmicos. Eles são, o primeiro, criminologista e advogado, e o segundo, psiquiatra. O único motivo que me leva ao ponto de escrever sobre "penologia" é minha ansiedade profunda

---

9. Não sei se "comunidade", para o professor Smart, significa nação ou espécie. No primeiro caso, as dificuldades giram em torno de moralidade internacional, e penso que, nessa discussão, ele teria inevitavelmente que chegar, mais cedo ou mais tarde, à espécie.

quanto ao lado em que a lei ficará nesse conflito de imensa importância. Isso leva à única divergência séria entre meus dois críticos e eu.

Existem outras divergências, mas elas se reduzem a mal-entendidos, pelos quais sou, provavelmente, culpado. Portanto:

1. Com certeza tratei pouco, se é que tratei, da proteção da comunidade em meu artigo. Temo ter tomado esse ponto como certo. Porém, em minha mente a distinção não seria, como meus críticos supõem (Morris e Buckle, p. 232), entre elementos "subsidiários" e "vitais" na punição. Eu chamarei o ato de pegar um maço de cigarros em um balcão e colocar no bolso de "compra" ou de "roubo" dependendo de haver pagamento ou não. Isso não significa que considero a retirada de mercadorias um ato "subsidiário" da compra. Significa que o que confere legitimidade, o que caracteriza a compra, é o pagamento. O ato sexual será casto, ou não, se os parceiros forem, ou não, casados. Isso não significa que tomo o ato sexual como "subsidiário" do casamento, mas este é o que lhe infunde legitimidade, o torna parte do comportamento conjugal. Da mesma forma, estou pronto a ver tanto a proteção da sociedade quanto a "cura" do criminoso na punição tão importantes quando desejarem, mas apenas sob uma condição: que o ato inicial que interfere na liberdade de um homem seja justificado com base na retribuição. Como o pagamento

na compra, ou o casamento com respeito ao ato sexual, é isso, e (creio eu) apenas isso, que dá legitimidade ao procedimento e o torna um meio de punição e não de tirania – ou, talvez, de guerra.

2. Concordo quanto aos *menores* criminosos (ver Morris e Buckle, p. 234). Tem havido progresso nessa questão. Sociedades muito primitivas "julgam" e "punem" um machado ou uma lança em caso de homicídio sem intenção. Em algum lugar (creio que foi no Império), um porco foi julgado por homicídio, com toda solenidade, no fim da Idade Média. Talvez tenhamos (não tenho certeza) até pouco tempo atrás, julgado crianças como se tivessem a mesma responsabilidade que os adultos. Tais práticas foram abolidas, com razão. Mas a questão é se queremos que o processo avance mais: se queremos, ao mesmo tempo, ser privados da proteção e liberados das responsabilidades dos cidadãos adultos, reduzidos ao nível da criança, do porco e do machado. Não quero isso, porque não acredito que há pessoas que se coloquem diante das outras como adultos perante crianças, homens com animais, ou seres animados diante de inanimados[10]. Penso que as leis que estabeleceram uma teoria sem restituição para a punição deveriam, na realidade, ser criadas e administradas por pessoas iguais a nós.

---

10. Essa é exatamente a mesma objeção que faço à teoria da escravidão de Aristóteles (Politics 1254A e seguintes). Todos reconhecemos os escravos "naturais" (talvez eu seja um), mas onde estão os senhores "naturais"?

Essa é a verdadeira divergência. Os doutores Morris e Buckle, cientes dos perigos que temo e reprovando-os tanto quanto eu, acreditam que temos proteção nas cortes, nos juízes incorruptíveis, nas técnicas excelentes e "nos controles da justiça natural que a lei estabeleceu" (p. 233). Concordo, caso toda a tradição da justiça natural, que a lei incorporou por tanto tempo, sobreviva à conclusão da mudança em nossa atitude para com a punição que discutimos agora. Mas, para mim, essa é exatamente a questão. Concordo que nossos tribunais "tradicionalmente, representavam o homem comum e sua visão da moralidade" (p. 233). É verdade que precisamos estender o termo "homem comum" para incluir Locke, Grotius, Hooker, Poynet, Aquino, Justiniano, os estoicos e Aristóteles, mas não faço objeção a isso. Em um sentido importante, e, para mim, glorioso, eles são todos homens comuns[11]. Toda a tradição, contudo, está ligada a ideias de livre-arbítrio, responsabilidade, direitos e à lei da natureza. Conseguirá sobreviver em tribunais onde a prática diária subordina a "restituição" à terapia e proteção da sociedade? Poderá a lei assumir uma filosofia na prática e continuar a desfrutar da proteção de outra?

Escrevo como filho de advogado, amigo chegado de outro a dois criminalistas, um dos quais é advogado. Creio que não devemos desistir da aproximação entre a visão deles e a minha, pois temos a mesma finalidade em mente. Desejo a proteção da sociedade

---

[11]. Ver também Lewis: *A Abolição do Homem* (editora Martins Fontes, 2005), especialmente o apêndice.

e gostaria muito que toda punição resultasse em cura. Defendo apenas a condição *anterior* da retribuição: perda da liberdade *antes* de começarmos a considerar os outros fatores. Depois disso, seja como quiserem. Até aí, não se trata realmente de "punição". Não somos tão covardes a ponto de buscar proteção incondicional, embora, quando um homem merece punição, tenhamos todo o direito de buscar nossa proteção planejando a punição dele. Não somos convencidos a ponto de querer aperfeiçoar o próximo à força. Quando, porém, uma pessoa perde, por merecer, o direito a ficar alheia a interferências, devemos, com caridade, tentar fazer com que a punição a torne uma pessoa melhor. Mas só podemos pretender ensinar (afinal, quem somos nós?) depois que a pessoa demonstrar que merece aprender. Não sei se os doutores Morris e Buckle avançariam até concordar comigo nesse ponto. Dependem da decisão deles nesse e em outros assuntos semelhantes e importantes, creio eu, a continuidade da dignidade e dos benefícios da grande disciplina imposta pela lei, e ainda muito mais. Se não me engano, neste momento todos ajudamos a decidir se a humanidade conservará tudo que considerou digno de ser preservado, ou se cairemos na condição sub-humana imaginada por Aldous Huxley e George Orwell e parcialmente realizada na Alemanha de Hitler. O extermínio dos judeus teria sido "útil" caso as teorias raciais estivessem corretas. Não há como prever o que parecerá, ou até será, "útil" e "necessário" – foi sempre esse o "argumento dos tiranos".

19

O problema ético da dor: entre a sensibilidade e a consciência (1950)[1]

O questionamento de C. E. M. Joad

Durante muitos anos, considerei o problema da dor e do mal uma barreira intransponível ao cristianismo. Ou Deus poderia acabar com eles e não o fazia, caso em que tolerava, por sua opção, uma situação ruim no universo, e eu não aceitava que assim Ele pudesse ser bom; ou, então, Ele queria mudar a situação, mas não conseguia, e eu não entendia como Ele poderia ser onipotente. O dilema é tão antigo quanto Santo Agostinho, e ninguém pretende que haja uma solução simples.

---

1. Em seu livro *O problema do sofrimento*, uma das questões de que Lewis tratou foi como explicar a existência da dor no universo criado por um Deus completamente bom e em criaturas que não são moralmente pecadoras. O capítulo sobre "A dor dos animais" provocou a resposta do falecido C. E. M. Joad, Chefe do Departamento de Filosofia da Universidade de Londres. O resultado foi esta *controvérsia*, *publicada pela primeira vez em* The Month.

Além do mais, qualquer tentativa de explicar a dor, de amenizar sua ferocidade ou de apresentá-la de outra forma que não seja um grande mal, talvez o maior deles, será um fracasso visível. A tentativa de explicar testemunha a bondade do coração humano, ou a sensibilidade da consciência, mais do que da precisão de seu raciocínio.

Ainda assim, aceitando que a dor é um mal, talvez o pior que exista, aceitei a visão cristã do sofrimento como incomparável ao conceito cristão do Criador e do mundo que Ele fez. Entendo essa visão, resumidamente, assim: não era do interesse de Deus criar uma espécie que consistisse de autômatos virtuosos, já que a "virtude" do autômato incapaz de agir de outra forma não passa de título de cortesia, é semelhante à "virtude" da pedra que rola morro abaixo ou da água que congela a $0\,^\circ C$. Poderíamos questionar por que Deus faria criaturas assim. Para que elas O louvassem? Mas o louvor automático não passa de sucessão de sons. Para amá-las? Mas elas seriam, em essência, indignas de amor. Ninguém ama fantoches. Assim, Deus deu ao homem o livre-arbítrio, para que ele possa crescer em virtude por seus próprios esforços e se torne, como ser moral livre, objeto digno do amor de Deus. A liberdade gera a oportunidade de errar, e o homem errou, usando incorretamente o dom de Deus e fazendo o mal. A dor é subproduto do mal; portanto, entrou no mundo como resultado do uso errado que o homem fez do livre-arbítrio.

Até aqui eu entendo e até aceito. É plausível, é racional, é consistente.

Agora, porém, encontro uma dificuldade para a qual não vejo solução. Na verdade, escrevi este artigo na esperança de entender. Trata-se da dor do animal e, mais especificamente, dessa dor antes do surgimento do ser humano no cenário cósmico. Que explicação teológica há para isso? O estudo mais elaborado e cuidadoso que conheço é o de C. S. Lewis.

Ele começa fazendo distinção entre sensibilidade e consciência. Quando temos as sensações a, b e c, o fato de nós as termos e o fato de sabermos que as temos implicam a existência de algo exterior a elas o suficiente para registrarmos a ocorrência e a sucessão delas. Isso é consciência, a consciência de que as sensações ocorrem. Em outras palavras, a experiência da sucessão, a sucessão de sensações, requer um ser ou uma alma alheio às sensações que experimenta. (Lewis recorre à metáfora adequada de um leito de rio pelo qual flui uma corrente de sensações.) A consciência, portanto, implica um *ego* permanente, que reconhece a sucessão de sensações; a sensibilidade não passa de sucessão. Bem, animais possuem sensibilidade e não consciência. Lewis ilustra da seguinte forma:

> Isso significa que, se você chicotear uma criatura duas vezes, aconteceram, na verdade, duas dores. Ela, todavia, não possui ego que coordene e reconheça que "senti dor duas vezes". Mesmo quando acontece apenas uma vez, não há ego que diga "estou sentindo dor" – se a criatura fizesse distinção entre ela mesma e a sensação, o leito e o rio –, suficiente para dizer

"estou sentindo dor", que seria capaz, também, de relacionar as duas sensações como sua experiência[2].

a) Aceito a afirmação de Lewis – ou melhor, aceito sem ver nela relevância. A questão trata de explicar a presença da dor (i) no universo criado pelo Deus completamente bom; (ii) em criaturas que não são moralmente pecadoras. Dizer que as criaturas não são realmente criaturas, que não possuem consciência no sentido em que esta é definida, não ajuda a solucionar o problema. Se for verdade, como Lewis afirma, que a forma correta de colocar o problema não é "este animal está sentindo dor", mas sim "há dor acontecendo neste animal"[3], ainda assim a dor está presente. Ela é sentida inclusive quando não há um *ego* permanente para sentir e relacioná-la a dores passadas e futuras. A existência da dor é fato, a despeito do que ou de quem a sente, da existência de uma consciência para identificá-la, e isso acontece no universo planejado por um Deus bom. Esse fato requer explicação.

b) Em segundo lugar, a teoria da sensibilidade como simples sucessão de sensações pressupõe a inexistência de consciência permanente. Isso leva a supor que não existe memória. Parece-me um absurdo afirmar que os animais não lembram dos

---

2. *O problema do sofrimento*, editora Vida, São Paulo, 2006, cap. 9, p. 120.
3. Ibid., p. 120,121.

fatos. O cão que se encolhe ao ver a vara com que tem sido açoitado *se comporta* como se lembrasse, e o comportamento dele é o que temos para avaliar. Em geral, agimos com base na pressuposição de que o cavalo, o gato e o cachorro com que estamos acostumados se lembram muito bem de nós, às vezes lembram mais do que nós mesmos. Bem, não vejo possibilidade de explicar o fato da memória sem uma consciência permanente.

Lewis reconhece isso e admite que os animais de classes mais elevadas – macacos, elefantes, cães, gatos, e assim por diante – possuem um ser que relaciona experiências; têm, na verdade, o que chamamos de alma[4]. Essa conclusão, porém, implica novas dificuldades.

   a) Se os animais têm alma, o que dizer sobre sua imortalidade? A questão, é bom lembrar, foi tratada com detalhes em Heaven (Céu), no início de *Penguin Island*, de Anatole France, depois que São Mael, míope, batizou os pinguins. No entanto, não há qualquer solução satisfatória.

   b) Lewis sugere que os animais domésticos de classes elevadas alcançam a imortalidade como membros de uma sociedade em que o cabeça é o homem. Aparentemente, é "o homem bom e a boa esposa que cuidam dos filhos e de seus animais em sua propriedade"[5] que sobrevive. Ele escreveu:

---

4. Ibid. p. 121.
5. Ibid. p. 127.

Se você perguntar sobre um animal criado dessa forma, como membro do Corpo da propriedade, onde reside sua identidade pessoal, minha resposta será: "A identidade dele sempre residirá, inclusive na vida terrena, em sua relação com o Corpo e, especialmente, com o senhor que governa todo o Corpo". Em outras palavras, o homem conhecerá seu cão, o cão conhecerá seu senhor e, com esse conhecimento, será ele mesmo[6].

Não sei se isso está de acordo com a teologia, mas levanta duas dificuldades para nossa presente investigação.

i) Não inclui o caso de animais de classes mais elevadas que não conhecem o homem – macacos e elefantes, por exemplo – mas que, mesmo assim, Lewis considera que têm alma.

ii) Se um animal pode obter personalidade imortal boa por meio de um homem bom, então, pode obter personalidade imortal má por meio de um homem mau. Podemos pensar no cão superalimentado deitado no colo de uma mulher ociosa superalimentada. Fica ainda mais difícil aceitar quando, sem participação de si mesmo, o animal vai para as mãos de senhores egoístas, comodistas ou cruéis – ele participaria, por toda a eternidade, do grupo suprapessoal egoísta, comodista ou cruel sendo, talvez, punido por participar de tal grupo.

c) Se os animais têm alma e, presumivelmente, liberdade, deve-se adotar a mesma explicação para

---

6. Ibid. p. 128.

a dor deles que se adota para a do ser humano. A dor, em outras palavras, é um dos males resultantes do pecado. Os animais das classes mais elevadas, então, foram corrompidos. Surge a questão: quem os corrompeu? Parece haver duas respostas possíveis: (1) o diabo; (2) o homem.

1. Lewis considera essa resposta. Diz que talvez os animais, no início, fossem todos herbívoros. Tornaram-se carnívoros, ou seja, passaram a perseguir, destroçar e comer uns aos outros porque "uma força poderosa criada já vinha agindo para o mal no universo material, ou no sistema solar, ou, pelo menos, no planeta Terra, antes mesmo que o homem entrasse em cena [...]. Se existe tal poder [...] pode muito bem ter corrompido a criação animal antes do aparecimento do ser humano"[7].

Tenho três comentários:

i) Considero simplesmente inacreditável a hipótese de Satanás tentando macacos. Sei muito bem que essa não é uma objeção lógica. É a imaginação – ou talvez o bom senso? – que se revolta contra o quadro.

ii) Embora a maioria dos animais seja vitimada pelo radicalismo de dentes e garras da natureza, muitos não o são. Uma ovelha cai por uma encosta, quebra a perna e morre de fome; centenas de milhares de aves migratórias morrem de fome todos os anos; criaturas são atingidas por relâmpagos e

---
7. Ibid. p. 122-123.

não morrem imediatamente, o corpo queimado agoniza durante muito tempo. Algumas dessas dores acontece por causa de corrupção?

iii) Como o próprio sr. Lewis mostrou, o caso dos animais sem alma não se encaixa na explicação da "corrupção moral". Vejamos um exemplo dos arranjos da natureza. As vespas, *Ichneumonidae*, ferroam a lagarta de forma a paralisar os nervos centrais dela. Em seguida, põem os ovos na lagarta indefesa. Quando as larvas rompem os ovos, passam imediatamente a se alimentar do corpo de sua incubadora, a lagarta está paralisada, mas continua a ter sensibilidade. É difícil acreditar que a lagarta não sente dor enquanto é lentamente consumida. Mais difícil ainda é atribuir a dor à corrupção moral e, mais difícil do que tudo, pensar que um arranjo como esse tenha sido feito por um Criador completamente sábio e bom.

2. A hipótese de que o homem corrompeu os animais não explica o sofrimento deles nas centenas de milhões de anos (provavelmente 900 milhões) em que criaturas, que não o ser humano, habitaram a Terra.

Enfim, os animais têm alma ou não. Se não têm, sentem dor pela qual não têm qualquer responsabilidade moral e para a qual o uso errado do dom divino da liberdade moral não pode ser tomado como explicação. Se têm, não temos explicação plausível para (a) a imortalidade deles – onde traçar a linha que separa animais e homens com alma? – ou (b) a corrupção moral deles, que permitiria aos apologistas cristãos colocá-los, com respeito à dor, no mesmo grupo de explicação que se propõe para o homem, e que estou pronto a aceitar.

Pode muito bem existir uma resposta para o problema. Ficaria muito grato a qualquer pessoa que a apresentasse a mim.

A réplica de C. S. Lewis

Embora seja um prazer e um perigo encontrar antagonista tão sincero e moderado quanto o dr. Joad, respondo com certa relutância. Ele não escreve apenas pela controvérsia, mas realmente deseja uma resposta. Só entro na questão porque minhas respostas ainda não o satisfizeram. E é vergonhoso para mim, e talvez deprimente para ele, que, digamos assim, ele volte à mesma loja onde já não encontrou a mercadoria que procurava. Creio que deixaria de lado, caso se tratasse apenas de defender as mercadorias originais. Mas não é bem assim. Penso que ele não entendeu bem o que eu coloquei à venda.

O dr. Joad se preocupa com o nono capítulo de meu livro *O Problema do sofrimento*. Quero dizer, logo de início, que, com base no artigo dele, ninguém perceberia o que confessei no livro: o capítulo era especulativo. Declarei isso no prefácio e repeti várias vezes no próprio capítulo. Claro que isso de nada adianta nas dificuldades do dr. Joad. Respostas insatisfatórias não se tornam satisfatórias por serem repetidas. Menciono essa característica desse fragmento do texto para enfatizar o fato de que ele se coloca em nível bem diferente dos que o precederam. E essa diferença indica o lugar em que minha "adivinhação" sobre as feras (era assim que as chamava, e ainda chamo) ocupava em meu pensamento e em que eu gostaria de que toda essa questão ocupasse no pensamento do dr. Joad também.

Os primeiros oito capítulos de meu livro buscaram enfrentar *prima facie* o teísmo com relação ao sofrimento humano. Resultaram de lenta transformação da mente, não muito diferente da do dr. Joad que, quando terminada, o levará a testemunho respeitável e (espero) valioso. O processo do pensamento dele divergiu em muitos pontos (provavelmente para melhor) do meu processo. Mas acabamos chegando mais ou menos ao mesmo lugar. A posição de que ele fala no artigo: "Isso entendo; isso aceito" é bem próxima da que alcancei nos primeiros oito capítulos de minha obra citada.

Até aqui, tudo bem. Tendo "esgotado" o problema da dor humana, eu e o dr. Joad nos deparamos com o problema do sofrimento dos animais. Nem aqui nos separamos de uma vez. Nós dois (se o entendi bem) rejeitamos "os discursos fáceis que consolam homens cruéis"[8], proferidos por teólogos que não parecem ver que existe um problema, que se contentam em dizer que os animais não passam de animais. Para nós, dor sem culpa, sem fruto moral, por mais inferior e desprezível que seja aquele que a sofre, é assunto muito sério.

---

8. G. K. Chesterton, *A Hymn*, linha 11. A primeira linha começa "Ó Deus da Terra e do altar".

Peço que, agora, o dr. Joad observe com bastante atenção como trato esse ponto, pois duvido que seja exatamente o que ele pensa. Não apresento uma doutrina da sensibilidade dos animais como provada e daí não concluo que "portanto, as feras não são sacrificadas sem recompensa, e, portanto, Deus é justo". Analisando atentamente meu nono capítulo, ele verá que pode ser dividido em duas partes bem desiguais: Parte Um – o primeiro parágrafo; Parte Dois – todo o resto. Elas poderiam ser resumidas assim:

Parte Um. Os dados que Deus nos revelou permitem que, até certo ponto, entendamos o sofrimento humano. Não temos dados semelhantes com relação às feras. Não sabemos o que elas são nem por que existem. A única certeza é que, sendo Deus bom (e creio que temos base para dizer que Ele é), então a aparência de crueldade divina no mundo animal tem que ser falsa. Só podemos tentar adivinhar qual é a realidade por trás dessa aparência falsa.

Parte Dois. Aqui estão algumas de minhas conjecturas.

Bem, é muito mais importante o dr. Joad concordar com a Parte Um do que aprovar qualquer especulação da Parte Dois. Primeiro, porém, tratarei, o máximo possível, das críticas que ele fez às especulações.

1. Admitindo (*positionis causa*)[9] minha distinção entre sensibilidade e consciência, o dr. Joad a considera irrelevante. A dor "é sentida", escreveu ele, "inclusive quando não há um *ego* permanente para sentir e relacioná-la a dores passadas e futuras", e:

---

9. Por causa do argumento.

"A existência da dor é fato, a despeito do que ou de quem a sente [...]. Esse fato requer explicação". Concordo que, em certo sentido, não importa (no presente propósito) "o que ou quem" a sente. Isso quer dizer que não importa quão humilde, ou desamparado, ou pequeno, ou imerecedor de nossa simpatia espontânea o sofredor seja. É certo, porém, que faz diferença se ele é capaz de chegar ao que reconhecemos como miséria, a que distância o genuinamente digno de pena é consistente com seu modo de existência. Dificilmente se negará que quanto mais coerente na consciência for o sujeito, mais piedade e indignação merecerá seu sofrimento. E isso me parece implicar que, quanto menos coerente na consciência, menos será a lamentação por ele. E penso ser possível uma dor tão instantânea (pela ausência de toda percepção de sucessão) que seu "invalor", se posso criar a palavra, será indistinguível do zero. Um correspondente exemplificou dores lançadas em nossa experiência desacompanhadas de medo. Podem ser intensas, mas acabam quando lhes reconhecemos a intensidade. Em meu próprio caso, não vejo nelas nada que exija piedade; são, antes, cômicas. A tendência é rir. Uma série desse tipo de dor é, sem dúvida, terrível, mas o caso é que a série não existiria na sensibilidade destituída de consciência.

2. Não penso que o comportamento "como se fosse da memória" prova a existência dela no sentido de

consciência. Um observador não humano poderia supor que se piscamos quando um objeto se aproxima estamos "recordando" dores sentidas em ocasiões anteriores. Mas não há memória envolvida, no sentido mais pleno. (Claro que é verdade que experiências passadas modificam o comportamento do organismo, e, assim, podemos dizer, por metonímia, que os nervos lembram o que a mente esquece; não é sobre isso, porém, que nem eu nem o dr. Joad falamos.) Se aceitarmos a ação da memória em todos os casos em que o comportamento se adapta a uma recorrência provável de eventos passados, seríamos obrigados a aceitar que alguns insetos herdam de seus pais a lembrança de hábitos de reprodução. E creio que não estamos prontos para acreditar nisso.

3. Claro que a teoria que sugeri sobre a ressurreição de animais domesticados "em" seu contexto humano (e, portanto, indiretamente divino) não inclui animais selvagens ou domesticados que foram maltratados. Eu mesmo apresentei o pensamento, e acrescentei que ele valia "apenas como ilustração [...] de princípios gerais a serem observados na elaboração de uma teoria de ressurreição dos animais"[10]. Apresentei em seguida uma alternativa, observando, espero, os mesmos princípios. Meu principal objetivo foi, ao mesmo tempo, liberar a imaginação e confirmar um

---
10. *O problema do sofrimento*, p. 128.

agnosticismo adequado quanto ao sentido e destino dos animais. Comecei dizendo que, se nossa afirmação prévia da bondade divina era sólida, poderíamos ter certeza de que, de uma forma ou de outra "tudo estaria bem, e todo tipo de coisa ficaria bem"[11]. Quis reforçar isso, mostrando como sabemos pouco e, por isso, quantas coisas devemos manter na mente, como possibilidades.

4. Se o dr. Joad entendeu que mostrei Satanás "tentando macacos", a culpa é minha, por ter usado a palavra "incentivou". Peço desculpas pela ambiguidade. Na verdade, não supus que "tentação" (ou seja, apelo à vontade) fosse a única forma usada pelo Diabo para corromper ou prejudicar. Provavelmente não é a única forma nem com os seres humanos. Nosso Senhor disse que "Satanás mantinha presa" a mulher deformada (Lucas 13:16), e presumo que Ele não queria dizer que ela tinha sido tentada a se deformar. Há outros tipos de corrupção além da moral. Mas, talvez, a palavra *corrupção* tenha sido escolha ruim, que levou à má compreensão. *Distorção* teria sido melhor.

5. Meu correspondente escreveu:

A maioria dos biólogos acredita que até os ferimentos mais graves na maioria dos animais invertebrados são quase indolores. Loeb recolheu ampla evidência que mostra que animais sem hemisférios cerebrais são

---

11. Lady Juliana de Norwich, *Sixteenth Revelations of Divine Love*, cap. 29.

indistintos das plantas em todos os aspectos psicológicos. Surge logo o exemplo das lagartas que prosseguem se alimentando com toda calma mesmo com o corpo sendo devorado pelas larvas da mosca *ichneumon*. O Ato da Vivisseção não se aplica aos invertebrados, o que mostra a opinião dos que o elaboraram.

6. Embora o dr. Joad não tenha levantado este ponto, não posso deixar de acrescentar sugestões interessantes sobre o medo dos animais, apontados por ele mesmo. Ele comentou que o medo humano contém dois elementos: (a) sensações físicas decorrentes de secreções do corpo etc.; (b) imagens mentais do que acontecerá no caso da perda de controle, ou se uma bomba cair aqui ou se o trem descarrilhar. Bem, (a), por si só, está tão longe de ser sofrimento que, quando acontece sem (b), ou não se acredita em (b) ou se dominou (b), inúmeras pessoas apreciam: daí as estradas em ziguezague, as lanchas de corrida, os carros velozes, o alpinismo.

Mas tudo isso é nada para o leitor que não aceita a Parte Um de meu nono capítulo. Ninguém em seu juízo perfeito elaborará uma teodiceia a partir de especulações sobre a mente dos animais. Como disse, tais especulações só têm lugar para abrir a imaginação a novas possibilidades e aprofundar e confirmar nosso inevitável agnosticismo diante da realidade, e apenas depois que os caminhos de Deus *até o homem* deixarem de parecer injustificáveis. Não sabemos a resposta: as especulações foram sugestões do que pode ser. O que realmente importa é o argumento de que tem de existir uma resposta: o argumento de que se, em nossa vida, conhecêssemos apenas (em qualquer circunstância) a Ele, reconheceríamos a *pulchritudo tam antiqua et tam nova*[12], então, em outras esferas em que não podemos conhecê-lo (*connaître*), embora possamos saber (*savoir*) algumas coisas sobre Ele – então, apesar da aparência em contrário, Ele não pode ser um poder das trevas. Essa aparência existe em nossa esfera também, mas, de alguma forma, tanto eu quanto o dr. Joad a superamos.

Sei que há momentos em que a continuidade incessante e o desamparo do, pelo menos aparente, sofrimento dos animais faz todo argumento do teísmo soar vazio, e em que o mundo dos insetos (em especial) faz parecer que o inferno se tornou visível para nós. Aí as antigas indignação e piedade reaparecem. Mas é uma experiência estranhamente ambivalente: não preciso expor muito a ambivalência, pois creio já ter feito isso, e tenho certeza de que o dr. Joad já chegou a essa conclusão sozinho. Se eu considerar essa piedade e essa indignação simplesmente experiências subjetivas minhas, sem validade além de sua força momentânea (que o próximo momento irá alterar), dificilmente poderei tomá-las como padrão para acusar a criação. Pelo contrário, tornam-se argumentos fortes contra Deus, até o ponto em que as tomo como iluminação transcendente à qual a criação tem que se adaptar para não ser condenada. Só serão argumentos contra Deus se

---

12. "Beleza tão antiga e tão nova", Santo Agostinho, *Confissões*, livro X, cap. 27.

forem a voz Dele. Quanto mais semelhante à do poeta Shelley, à de Prometeu, for minha revolta, com mais certeza precisará da sanção divina. O fato de apenas Joad ou Lewis, nascidos na era da civilização liberal e segura, envolvidos por certos sentimentos humanitários, acabarem tocados pelo sofrimento – o que é isso diante do propósito? Como basear um argumento contra ou a favor de Deus em tal acidente histórico?

Não. Não é nos sentimentos, mas, sim, na alegação de estarmos certos ao senti-los, de termos certeza de que os padrões regulam todos os mundos possíveis, no caso, e apenas nesse caso, de se tornarem base para a falta de fé – e, ao mesmo tempo, para a crença. Deus dentro de nós reassume no momento em que condenamos o Deus aparente fora de nós. Assim, no poema de Tennyson, o homem convencido de que o Deus da fé que ele herdara era mau exclama: "Se existe um Deus assim, que o Grande Deus o amaldiçoe e o reduza a nada"[13]. Se não existe um "Grande Deus" por trás da maldição, quem amaldiçoa? Apenas um fantoche do pequeno "Deus" aparente. A própria maldição tem as raízes envenenadas: é exatamente o mesmo tipo de crueldade que ele condena, parte da tragédia sem sentido.

Disso, vejo somente duas saídas: ou existe um Grande Deus, e também um "deus deste mundo" (2 Coríntios 4:4), príncipe dos poderes do ar, a quem o Grande Deus amaldiçoa, algumas vezes por nosso intermédio; ou, então, as operações do Grande Deus não são o que me parecem ser.

---

13. *Despair*, p. 19, linha 106.

20

O teísmo é importante?[1]
(1952)

Perdi as anotações de minha primeira réplica ao artigo do professor Price e agora não lembro o que falei, a não ser que recebi com bastante cordialidade a simpatia dele pelos politeístas. Continuo a pensar da mesma forma. Quando gente séria expressa temor de que a Inglaterra esteja voltando ao paganismo, sou tentado a responder: "Quem me dera!". Penso não haver a menor probabilidade de um dia vermos o Parlamento ser aberto com uma cerimônia de sacrifício de um touro branco enfeitado com guirlandas de flores na Câmara dos Lordes, ou o Gabinete dos Ministros deixando sanduíches no Hyde Park como oferta para as dríades. Se isso acontecesse, aí, sim, o apologista cristão teria material para trabalhar. A história mostra que os pagãos estão propensos a se converter ao cristianismo. Eles são, em essência, os religiosos do pré cristianismo e

---

1. Esta é uma réplica a um artigo que o professor H. H. Price leu no Oxford Socratic Club, publicado, sob o mesmo título, em *The Socratic Digest*, (1952, n. 5, p. 39-47). A resposta de Lewis, apresentada aqui, foi publicada originalmente no mesmo periódico.

do subcristianismo. O pós-cristão de hoje difere deles tanto quanto uma divorciada difere de uma virgem. O cristão e o pagão têm muito mais em comum do que cada um deles tem com os colunistas da revista *New Satesman*; e os colunistas, é claro, concordariam comigo. Quanto ao mais, o que me ocorre agora, depois de reler o artigo do professor Price, é o seguinte:

1. Penso que devemos introduzir no debate a distinção entre dois significados da palavra *fé*. Ela pode ser (a) afirmação intelectual estabelecida. Nesse sentido, fé (ou "crença") em Deus difere pouco da fé na uniformidade da natureza ou na consciência de outras pessoas. Acredito que isso seja o que algumas vezes se chama de fé "nocional", "intelectual", ou "carnal". Fé pode significar também (b) crença, ou confiança, no Deus cuja existência se reconhece. Isso envolve atitude da vontade. Parece mais com a confiança em um amigo. Em geral, concorda-se que a fé no sentido (a) não é religiosa. Os demônios que "creem – e tremem" (Tiago 2:19) têm fé (a). Um homem que amaldiçoa ou ignora Deus também pode ter esse tipo de fé. Os argumentos filosóficos que defendem a existência de Deus visam, presumivelmente, gerar fé (a). Sem dúvida, os que os elaboram estão ansiosos por produzir esse tipo de fé, pois ela é condição necessária para o surgimento da fé (b) e, nesse sentido, o objetivo final é religioso. Mas o objeto imediato, a conclusão que buscam provar,

não é. Por isso, creio não ser justo acusá-los de tentar chegar à conclusão religiosa com base em premissas não religiosas. Concordo com o professor Price: não se deve fazer isso; nego, contudo, que os filósofos religiosos estejam tentando.

Penso, ainda, que, em algumas épocas, o que se chama "provas do teísmo" produziu muito mais fé (a) do que o professor Price sugere. Quase todo mundo que conheço que adotou o cristianismo já adulto recebeu influência do que considerava os argumentos menos prováveis para o teísmo. Conheci alguns que foram completamente convencidos pela Prova Ontológica de Descartes[2], ou seja, receberam a fé (a) de Descartes e depois passaram a buscar, e encontraram a (b). Até algumas pessoas sem estudo, cristãs a vida toda, muitas vezes apelaram para uma forma simplificada do Argumento Teleológico. Até aceitar a tradição implica um argumento que algumas vezes se torna explícito na forma: "Penso que todos esses sábios não teriam acreditado se não fosse verdade".

Claro que a fé (a) costuma envolver um grau de certeza subjetiva que vai além da lógica, ou até da certeza lógica suposta, dos argumentos empregados. E pode manter essa certeza por muito tempo, espero, mesmo sem o apoio da fé (b). Esse excesso de certeza em uma afirmação estabelecida não é, de forma alguma, raro. A maioria dos que acreditam na uniformidade da natureza, na evolução ou no sistema solar a compartilha.

---

2. Encontram-se resumidas no livro *Discurso do Método*, de René Descartes, Parte IV, onde ele diz "Penso, logo existo".

2. Duvido que os religiosos suponham que a fé (b) resulte automaticamente da aquisição da (a). A Bíblia a chama de "dom" (ver 1 Coríntios 12:1-11; Efésios 2:8). Somos instruídos a pedir a Deus o dom da fé (b) assim que adquirimos a (a). Você pode achar que é um pedido estranho de se fazer à Causa Primeira, um *Ens Reslissimum*, ou um *Motor Imóvel*. Poder-se-ia dizer, e penso que eu mesmo diria, que até um Deus tão árido e filósofo assim deixa de ser acolhedor em vez de se negar a uma aproximação pessoal. De toda forma, não faria mal tentar. Admito, porém, que a maioria dos que alcançam a fé (a), e oram pedindo a (b), o fazem porque já tiveram algum tipo de experiência religiosa. Talvez a melhor forma de expressar seja dizer que a fé (a) transforma em experiência religiosa o que era tido apenas como potencialmente ou implicitamente religioso. Sob essa forma modificada, eu aceitaria a visão do professor Price de que a prova filosófica nunca, por ela mesma, conduz à religião. Algo pelo menos quase religioso a usou antes, e as "provas" removem uma inibição que impedia o desenvolvimento até a religião.

Isso não é exatamente *fides quaerens intellectum*,[3] pois as *quase* experiências não eram *fides*. Apesar da rejeição do professor Price, ainda considero o relato

---

3. Fé buscando entendimento.

de Otto sobre o Numinoso[4] a melhor análise que temos. Creio ser um erro considerar o Numinoso como meros "sentimentos". Admito que Otto só descreve com referência as emoções que ele provoca em nós; mas nada pode ser descrito a não ser nos termos em que afeta nossa consciência. Há, em inglês, uma palavra exata para a emoção provocada pelo Numinoso, que Otto, por escrever em alemão, não tinha. É a palavra *awe*[5] – emoção bem semelhante a medo, com a diferença importante de implicar ausência de perigo. Quando tememos um tigre, temos medo de que ele nos mate; quando tememos um fantasma – bem, temos medo do fantasma, não de um ou outro dano que ele possa nos causar. O Numinoso, ou *Aweful*,[6] é aquele que causa o temor sem objeto, desinteressado. E "o Numinoso" não é um nome para nosso sentimento de *awe*, assim como "Desprezível" não o é para desprezo. É a resposta para a pergunta: "O que provoca *awe* em você?". E aquilo que nos causa *awe* não é, com certeza, *awe* ele mesmo.

Com Otto e, em certo sentido, com o professor Price, eu encontraria a semente da experiência religiosa em nossa experiência com o Numinoso. Em uma era como a nossa, tal experiência ocorre, mas, até a

---

[4]. Rudolph Otto, *The Idea of the Holy*, traduzido para inglês por John W. Harvey (Londres, 1923).

[5]. Em português, também não há palavra que corresponda a *awe*, que significa uma combinação de reverência, temor, espanto, respeito e admiração. (N.T.)

[6]. Aquele que inspira *awe*. (N.T.)

religião chegar e a transformar retrospectivamente, ela costuma parecer uma forma especial de experiência estética. Antigamente, segundo creio, a experiência do Numinoso se desenvolvia até o Santo apenas se o Numinoso (não necessariamente moral por si mesmo) se relacionasse ao bem moral. Isso acontecia a intervalos regulares em Israel e esporadicamente nos outros lugares. Mesmo no paganismo mais elevado, porém, não creio que o processo leve a nada exatamente como *fides*. Não há nada de credo no paganismo. Em Israel, encontramos *fides*, mas sempre ligado a determinadas afirmações históricas. A fé não está simplesmente no numinoso *Elohim*, nem mesmo apenas no santo Iavé, mas no Deus "de nossos pais", o Deus que chamou Abraão e tirou Israel do Egito. No cristianismo, esse elemento histórico é reafirmado com veemência. O objeto da fé é ao mesmo tempo o *ens entium*[7] dos filósofos, o Mistério Tremendo do paganismo, a Lei Sagrada entregue aos moralistas e Jesus de Nazaré, que foi crucificado sob Pôncio Pilatos e ressuscitou no terceiro dia.

Portanto, devemos aceitar que a fé, como a conhecemos, não resulta apenas de debate filosófico, nem só da experiência com o Numinoso, nem só da experiência moral, nem só da história, mas, sim, dos eventos históricos que ao mesmo tempo satisfazem e transcendem a categoria moral, que se ligam ao elementos mais divinos do paganismo e que (ao que parece) exigem como pressuposto a existência de um Ser maior, não

---

7. Ser dos seres.

menor, do que o Deus que muitos filósofos de renome acreditam ser capazes de definir.

A experiência religiosa, como a conhecemos, envolve realmente todos esses elementos. Podemos, contudo, usar a palavra em sentido mais restrito, para indicar momentos de experiência mística, devocional ou apenas numinosa. E então podemos perguntar, com o professor Price, como tais momentos, sendo um tipo de *visio*, se relacionam à fé, que, por definição, não é o que vemos. Essa questão não me parece ser das mais difíceis. "Experiência religiosa", no sentido mais estreito, vem e vai; principalmente vai. A operação da fé é reter, no tocante à vontade e ao intelecto, o que é irresistível e óbvio nos momentos de graça especial. Pela fé, acreditamos sempre no que esperamos ver no futuro, para sempre e de forma perfeita, o que já vimos imperfeitamente, em lampejos. Com relação às premissas filosóficas, a fé cristã é, claro, excessiva. Quanto ao que algumas vezes é mostrado, talvez também seja imperfeita. Minha fé, até em um amigo deste mundo, vai além de tudo que pode ser demonstrado e provado. Mas, em outro sentido, talvez eu confie nele menos do que ele merece.

21

Natal[1]:
um capítulo perdido de Heródoto (1954)

E além daqui existe, no oceano, voltada para o oeste e o norte, a ilha de Niatirb, que os hecateus afirmam ser de mesmos tamanho e forma da Sicília. Porém, é maior, embora quem disser que se trata de um triângulo não esteja longe da verdade. É densamente povoada por homens que usam roupas não muito diferentes das de outros bárbaros que vivem na parte noroeste da Europa, mas não falam a mesma língua. Esses ilhéus, superando todos os homens que conhecemos em paciência e resistência, têm os costumes apresentados a seguir.

Bem no meio do inverno, quando há mais neblina e chuva, realizam um grande festival que chamam de Eatal e, durante 50 dias, se preparam da forma como vou

---

1. No título e no texto, o autor faz um jogo de palavras intraduzível para o português. O título original é "Xmas and Christmas", duas formas usadas em inglês para Natal. A primeira, em certo sentido, exclui Cristo (*Christ*). Em sua parábola, o autor a chama de "*Exmas*" (aqui traduzido por Eatal); a segunda é chamada de "*Crissmas*" (aqui vertida para Enatal). (N.E.)

descrever. Primeiro, todo cidadão é obrigado a enviar para cada amigo e parente um pedaço quadrado de papelão com um desenho. Chamam esse papelão de Cartão de Eatal. Mas os desenhos mostram passarinhos em galhos de árvore, ou árvores com folhas parecidas com espinhos, escuras, ou então homens com roupas que os niatírbios acreditam que seus antecessores usavam mais de duzentos anos antes, passeando em carruagens antigas, ou casas com neve no telhado. E os niatírbios se negam a dizer o que essas imagens têm a ver com o festival, mantendo (acho eu) algum mistério sagrado. Como todo mundo é obrigado a enviar os cartões, as lojas ficam repletas de gente comprando; então, há muito esforço e muito cansaço.

Depois de comprar quantos acham suficiente, eles voltam para casa e encontram cartões parecidos, que outras pessoas lhes enviaram. Quando encontram cartão de alguém para quem já enviaram, jogam fora e agradecem aos deuses porque essa tarefa está resolvida por mais um ano. Mas, ao encontrar cartão de alguém para quem não enviaram, batem no peito, gemem e amaldiçoam o remetente. Depois de lamentar bastante sua infelicidade, calçam as botas de novo e saem na neblina e na chuva para comprar um cartão para esse também. E basta de tratar do cartão de Eatal.

Também dão presentes uns aos outros, com o mesmo sofrimento dos cartões, ou até pior. Cada cidadão precisa adivinhar o valor do presente que seus amigos lhe darão, mas retribuir com um do mesmo valor, que possa pagar por isso ou não. E compram para os outros presentes que ninguém compra para si mesmo.

Os vendedores, compreendendo o costume, empurram para os clientes todo tipo de bugiganga, e tudo que for inútil e ridículo e que, por isso, não conseguiram vender durante o ano e agora vendem como presente de Eatal. Os niatírbios afirmam não ter quantidade suficiente das coisas necessárias, como metal, couro, madeira e papel, e ainda assim desperdiçam enorme quantidade disso todos os anos, na forma de presentes.

Durante os cinquenta dias, os cidadãos mais idosos, pobres e infelizes colocam barbas falsas, vestem roupa vermelha e andam pelas lojas, disfarçados (acho) de *Cronos*. Os vendedores, assim como os consumidores, ficam pálidos e exaustos por causa da multidão e da neblina, a ponto de, alguém que chegasse a uma cidade de Niatirb nessa época, pensar que houve alguma catástrofe que causou calamidade pública. Esse período de 50 dias de preparação se chama, na língua bárbara deles, Corrida de Eatal.

Quando chega o dia do festival, a maioria dos cidadãos está exausta por causa da corrida e fica na cama até meio-dia. À noite, porém, comem cinco vezes mais do que nos outros dias, usam coroas de papel e ficam bêbados. No dia seguinte ao Eatal, ficam muito sérios, com problemas digestivos por causa da ceia e da bebida, reconhecendo que gastaram demais com os presentes e o vinho. Eles gostam tanto de vinho que precisam beber muitos litros antes de ficarem bêbados.

Bem, são esses os costumes deles no Eatal. Mas há alguns poucos niatríbios que têm outro festival, separado e só deles, chamado Enatal. Ocorre no mesmo dia que o Eatal. Nesse dia, ao contrário da maioria da população, esses que comemoram o Enatal se levantam cedo, com o rosto brilhando e, antes do pôr do sol, dirigem-se a uns templos, onde participam de uma festa sagrada. Na maioria dos templos, eles colocam imagens de uma bela mulher com um Bebê recém-nascido no colo, com animais e pastores adorando a criança. (O motivo da existência dessas imagens é uma história sagrada, que eu sei, mas não vou repetir.)

Mas eu mesmo conversei com um sacerdote em um desses templos e perguntei-lhe por que eles mantêm o Enatal no mesmo dia do Eatal. Para mim, isso parece inconveniente. O sacerdote respondeu: "Não está na lei, ó Estranho, mudarmos a data do Enatal, mas cabe a Zeus colocar na mente dos niatírbios comemorar o Eatal em outra data ou deixar de comemorar. O Eatal e a Corrida distraem até os poucos que se importam com as coisas sagradas. Ficamos felizes de que os homens se alegrem no Enatal, mas o Eatal perdeu toda a alegria". E, quando indaguei por que eles enfrentavam a corrida, ele falou: "É, ó Estranho, uma trama", usando (suponho) as palavras de um oráculo, ininteligíveis para mim.

Não se pode, no entanto, como Hecateu diz, crer que Eatal e Enatal sejam a mesma coisa. Em primeiro lugar, as figuras nos cartões não têm nada a ver com a história sagrada que os sacerdotes contam sobre o Enatal. Em segundo lugar, a maioria dos niatríbios não crê na religião dos poucos e, mesmo assim, envia presentes e cartões, participa da corrida, bebe e usa gorros. Não é provável que homens, apesar de bárbaros, sofram tanto em honra a um deus em quem não acreditam. E agora, chega de Niatribe.

22

Puritanismo e filologia (1955)

Temos discutido bastante, nos últimos tempos, sobre o que é chamado obscenidade na literatura, e esse debate tem (naturalmente) tratado o tema do ponto de vista legal ou moral. O tópico, porém, levanta um problema literário específico.

Em pouquíssimas sociedades, embora tenha acontecido em algumas, foi considerado vergonhoso desenhar o corpo humano nu; desenho detalhado, que não omite nada que o olho pode ver. Por outro lado, pouquíssimas sociedades foram permissivas a ponto de autorizar descrição tão detalhada do mesmo objeto em palavras. Qual é a causa dessa discriminação aparentemente arbitrária?

Antes de tentar encontrar a resposta, ressalto que a mera existência da discriminação mostra um erro muito comum. Isso prova que a objeção há muito do que é chamado de "obscenidade" na literatura não é apenas moral. Se fosse, se quem faz objeção se preocupasse apenas em proibir o que inflama o desejo, a nudez em imagens seria tão proibida quanto a descrita. Na verdade, talvez fosse mais condenada: *segnius irritant*, o que é visto afeta mais os homens do que o que é narrado. Sem dúvida, alguns livros e algumas imagens foram censurados com base apenas na moral, considerados "provocantes". Não trato, porém, desses casos específicos: falo da concessão quase generalizada aos artistas plásticos e negada aos escritores. Parece haver mais coisas envolvidas do que o cuidado com a castidade.

Felizmente, há uma forma muito fácil de descobrir o motivo da distinção – por experimentação. Sente-se e desenhe uma pessoa nua. Quando acabar, pegue uma caneta e tente descrever em palavras o que desenhou. Antes de acabar, você se defrontará com um problema que simplesmente não apareceu enquanto desenhava. Ao chegar às partes do corpo que não são usualmente mencionadas, terá de fazer uma escolha de vocabulário. E descobrirá que só há quatro alternativas: palavras infantis, arcaísmos, termos chulos ou termos científicos. Não existem palavras comuns e neutras, como "mão" ou "nariz". E isso causa vários problemas. Qualquer dos quatro tipos de termo que você escolher determinará o tom de sua composição: ou conversinha de bebê, ou saído de um livro clássico, ou palavrões, ou linguagem técnica. E cada um desses tons o forçará a adotar uma atitude específica (que não era o que você queria fazer) diante de seu material. As palavras o forçarão a escrever como se pensasse como criança, ou antiquado, ou desprezível, ou com interesses puramente científicos. Na verdade, a *mera* descrição é impossível. A linguagem o obriga a um comentário implícito. Ao desenhar, você não precisou comentar: deixou que as linhas traçadas falassem por elas mesmas. Claro que me refiro ao desenho em seu nível mais simples. A obra completa de verdadeiro artista com certeza provocará comentários. O ponto é que, quando usamos palavras em vez de linhas, não há nada que corresponda ao desenho simples. A caneta realiza tanto menos quanto mais do que o lápis.

A propósito, esse é o fato mais importante sobre a literatura. Não há máxima mais falsa do que *ut pictura poesis*. De tempos em tempos, nos dizem que tudo que há no mundo pode fazer parte da literatura. Talvez isso seja verdade em certo sentido, mas é uma verdade perigosa, a não ser que, para alcançar equilíbrio, declaremos que nada, a não ser as palavras, podem fazer parte da literatura, ou (se você preferir) que só pode entrar aquilo que se transforma em palavras. Como todos os outros meios, as palavras têm seus próprios poderes e limitações. (Por exemplo, elas são impotentes para descrever até as máquinas mais simples. Quem conseguiria, usando palavras, dizer como é um parafuso ou uma tesoura?)

Uma das limitações é que os substantivos comuns (distintos das palavras infantis, arcaicas ou científificas) para determinadas coisas são "obscenos". As palavras, e não as coisas, são obscenas. Isso é, há muito tempo elas foram consagradas (ou degradadas) para insultar, desprezar e ridicularizar. Não é possível utilizá-las sem criar a atmosfera da favela, da caserna e da escola decadente.

Claro que se pode dizer que essa situação – a falta de palavras neutras e diretas para determinadas coisas – é, por si só, resultado de puritanismo precioso. Não, com certeza, o puritanismo "vitoriano", ou "pietista", como dizem os ignorantes, mas o puritanismo certamente pré-cristão e, provavelmente, primitivo. (Quintiliano, comentando as "indecências" que seus contemporâneos encontravam em Virgílio, disse que servem para abrir os olhos. Nenhum vitoriano foi tão lascivo.) O autor moderno que deseja introduzir na obra séria (obras cômicas são diferentes) liberdade total para a caneta, como a que quase sempre foi concedida ao lápis, está, na verdade, enfrentando adversário muito maior do que um estado local (e, esperamos, temporário) da lei da Inglaterra. Tenta romper todo o tecido da mente. Não digo que o sucesso é impossível, muito menos que a tentativa é errada. Porém, antes de nos comprometer com empreitada tão grande, devemos fazer duas perguntas.

Primeiro: vale a pena? Os bons autores não têm nada melhor para fazer? Claro que o presente estado da lei, e (mais difícil de expressar) de gosto particular, não pode impedir um escritor digno de seu ganho de dizer, com efeito, o que ele quiser. Eu poderia insultar a proficiência técnica de nossos contemporâneos se supusesse que dominam tão pouco o meio que utilizam a ponto de não conseguir, qualquer que seja o tema, fugir da lei. Talvez muitos considerem essa fuga vergonhosa. Mas por quê? O estado contemporâneo de sensibilidade é, com certeza, junto com a língua, parte da matéria-prima do escritor. A fuga (admito que a palavra tem conotação vil) não precisa, realmente, ser menos digna de crédito do que a "mudança" de qualquer outra dificuldade que qualquer meio de transmissão apresente. Grandes obras podem ser criadas em métrica difícil; por que não sob qualquer outro tipo de restrição? Quando os escritores se protegem demais (podemos permitir que se protejam um pouco) das preferências do público, será que demonstram certa insuficiência? Desmereçem o que deveriam usar e, por fim, transformam, tendo, no início, obedecido.

Em segundo lugar, não acabamos perdendo mais do que ganhamos? Remover todo "puritanismo" significa remover uma área de grande sensibilidade, expurgar um sentimento humano. Já existem muitas palavras maltratadas, inertes e neutras: será que desejamos aumentar o número delas? Um moralista severo talvez alegasse que a antiga reticência humana com respeito a algumas de nossas funções corporais gerou tanto mistério e tanta lascívia ("É impossível", disse a garota na obra de Shaw, "explicar a decência sem ser indecente.") que não há como mudar a situação logo. Contudo, estaria o moralista certo? Será que não resultou nada de bom disso? É pai de três quartos das piadas do mundo. Há duas possibilidades de resultado para o caso de removermos o padrão de decência da palavra escrita. Nunca mais você rirá da maior parte da obra de Aristófanes, Chaucer e Rabelais, porque a piada depende do fato de mencionar o não mencionável, ou, pensamento terrível, a *fabliau* oral, que ouvimos nos bares (de forma alguma sempre vil ou lasciva, mas, frequentemente, cheia de humor verdadeiro e de arte tradicional) será substituída e morta pelas *fabriaux* escritas e profissionais, assim como os jogos de salão que jogávamos há 50 anos são, agora, jogados por profissionais e transmitidos pelo rádio. As histórias contadas nas salas de fumar são, garanto, as últimas e piores das artes populares. Mas é só o que nos resta. Os escritores não deveriam se dispor a preservá-las para não correr o risco de restringir o próprio vocabulário deles?

23

A história é bobagem? (1957)

O impulso histórico, curiosidade quanto ao que os homens pensavam, faziam e sofriam no passado, embora não seja universal, parece ser permanente. Justificativas diversas foram encontradas para explicar as obras que o gratificam. Uma, bem simples, aparece em *Bruce*[1], obra de Barbour: as histórias empolgantes são sempre um deleite, e, se calha de serem verdadeiras, também, então, desfrutamos de duplo prazer. Com mais frequência, surgem motivos mais sérios. Defende-se a história por ser instrutiva ou por apresentar exemplos: quer ética (a fama ou a infâmia duradouras que os historiadores conferem aos mortos nos ensinará a prestar atenção na moral), quer politicamente (vendo como os desastres nacionais ocorreram no passado podemos aprender a evitá-los no futuro)

---

1. John Barbour (1316-1395) compôs seu poema *The Bruce* para celebrar a guerra da independência e os feitos do rei Robert e de James Douglas, por volta de 1375.

Na medida em que o estudo da história se desenvolve e fica mais semelhante à ciência, essas justificativas são usadas cada vez menos. Historiadores modernos não classificam os reis como "bons" ou "maus" com tanta facilidade. Quanto mais sabemos, menos óbvias se tornam as lições a serem aprendidas pelos estadistas dos erros passados. A singularidade de cada situação histórica se destaca com mais clareza. No fim, a maioria dos que se ocupam da história acha mais seguro e sincero admitir que busca o conhecimento do passado (como outros buscam o conhecimento das nebulosas) por causa dele mesmo; eles estão gratificando uma curiosidade "liberal".

Devemos a Aristóteles a concepção da curiosidade "liberal" e dos estudos "liberais" que existem para satisfazê-la. "Dizemos que um homem é *livre* quando ele vive para si mesmo, não para os outros. Da mesma forma, a filosofia é, de todos os estudos, o único *livre*: existe para si mesma."[2] Claro que aqui *filosofia* não significa, como hoje, a sobra ou o resíduo deixados pela especialização das outras ciências. E talvez Aristóteles não tenha permitido que a palavra cobrisse história.[3] Isso não tem importância. No conceito dele, de estudo realizado não para algum fim, mas apenas pelo próprio estudo, ele deu base à maioria das atividades que realizamos nas universidades, com seu conteúdo.

---

2. *Metafísica*, 982b.
3. Cf. *Poetics*, 1451b.

Esse conceito (que Aristóteles destinou apenas aos homens livres) sempre desnorteou e causou aversão a algumas mentes. Sempre haverá quem pense que saber astronomia, além da necessária ao comandante do navio, é desperdício de tempo. Sempre haverá os que, ao descobrir que a história não pode realmente ser transformada em um registro prático, declararão que ela é besteira. Aristóteles chamaria isso de servilismo ou utilitarismo. Nós, mais educados, podemos chamar de fordismo.

Na medida em que o estudo da história progride, é quase inevitável, e, com certeza, não irracional, que surjam histórias parciais ou departamentalizadas. O passado inteiro, mesmo em um período limitado, se torna grande demais. Por isso, temos histórias das atividades humanas específicas – direito, construção naval, confecção de roupas, arte culinária, arquitetura ou literatura. A justificativa é a mesma que no *simpliticer* histórico (que, afinal, significava, em geral, a história da guerra e da política). Existe para atender à curiosidade liberal. Busca-se, apenas para conhecer, saber como os homens se vestiam, construíam, escreviam no passado, porque gostavam de agir assim e como era fazer essas coisas.

Evidentemente, uma visão fordista pode ser extraída dessas histórias parciais. Pode-se alegar que a história da lei tornou-se legítima à medida que dava resultados práticos: estudava, ou deveria estudar, o que era "valioso" e, portanto, deveria reparar em leis ruins e em métodos de julgamento injustos apenas porque, e até o ponto em que, nos ensinavam a apreciar com mais amplitude a prática do século XIX e, portanto, resistir com mais obstinação ao que parece provável de ocorrer no final do século XX. Esse é um assunto digno de ser tratado. Apenas um fordista radical, contudo, afirmaria que a história legal depende do desempenho de tal *corvée*. Sentimos que gostaríamos de conhecer e entender o comportamento e o pensamento legais de nossos ancestrais, mesmo sem obter qualquer lucro disso.

A parte da história mais suscetível a esse tipo de ataque é a história da literatura. O sr. Mason declarou, recentemente, na *Review*: "É o estudo do que tem valor; estudar os números menores só se justifica no caso de contribuir para o entendimento do que é considerado *principal*".[4] Bem, se considerarmos a história literária nada mais do que auxiliar da crítica literária, concordaremos com o sr. Manson. Contudo, por que aceitaríamos isso?

Esclareçamos bem a questão. Se um homem diz: "Eu não tenho interesse pela história da literatura simplesmente como história", ninguém terá controvérsia com ele. Alguém pode discordar. Se ele diz: "Eu considero a crítica vinte vezes mais importante do que qualquer conhecimento do passado", alguém poderá dizer: "Não há dúvida de que essa é uma visão razoável". Se ele dissesse: "História literária não é crítica", eu concordaria enfaticamente. Esse é meu ponto de vista.

---

4. H. A. Mason, "Churchill's Satire", uma resenha de *The Poetical Works of Charles Churchill*, editor Douglas Grant (1956), em *The Cambridge Review*, vol. LXXVIII (11 de maio de 1957, p. 571).

O estudo de formas, estilos e sentimentos da literatura antiga, a tentativa de entender como e por que se desenvolveu do modo que aconteceu, e (se possível) por um tipo de empatia instruída reviver momentaneamente em nós mesmos a preferência pelo que eles serviam, parece-me tão legítimo e liberal quanto qualquer outra disciplina; inclusive ser uma sem a qual nosso conhecimento do homem será muito prejudicado. Claro que não é um departamento da crítica, é departamento de um departamento da história (*Kulturgeschichte*). Nesse ponto, tem sua própria posição. O julgamento não deve ser pelo uso que fazem dela aqueles cujos interesses são puramente críticos.

Sem dúvida, aceito (e espero que o sr. Mason também aceite) que a história e a crítica literárias podem se sobrepor. Em geral, isso acontece. Os historiadores literários quase sempre se permitem algumas avaliações, e os críticos quase sempre se comprometem com algumas proposições históricas. (Descrever um elemento na poesia de Donne como se fosse novo implica a proposição histórica de que o elemento não se encontra em nenhuma poesia anterior.) E aceitaria (caso isso seja parte do que ele quer dizer) que essa sobreposição gera risco de confusões. Historiadores literários (como os constitucionais) podem cair no engano de pensar que, quando identificam a evolução de alguma coisa, imediatamente provam que ela tem valor. Os críticos literários podem desconhecer as implicações históricas (muitas vezes arriscadas) que espreitam a avaliação que eles fazem.

Por outro lado, se o sr. Mason nega à história literária o direito de existir, se afirma que ninguém deve estudar o passado da literatura a não ser como meio de crítica, penso que a posição dele está longe de ser evidente por ela mesma e precisa de sustentação. E parece-me que ele negou isso. Se alguém valoriza a história literária como história, fica bem claro por que estudamos as obras ruins tanto quanto as boas. Para um historiador literário, um poema ruim, mas que foi popular, é um desafio; assim como algumas instituições aparentemente irracionais representam desafio para o historiador político. Queremos saber como coisas assim foram escritas e por que foram aclamadas; entender todo o *ethos* que as tornou atraentes. Veja bem, nosso interesse é o homem. Não exigimos que todos compartilhem de nossos interesses.

A questão toda pede mais debate. Penso, no entanto, que a discussão terá que começar no passado ainda mais distante. Toda a concepção liberal da Aristóteles (ou de Newman) precisará ser questionada. O fordismo pode aceitar alguma defesa brilhante. Temos de perguntar se a crítica literária é um fim ou um meio e, se for meio, para qual fim. Até, porém, que tudo isso fosse investigado, eu não aceitava que a acusação contra a história literária seguisse sem defesa. Não podemos, sob pena de não ter um debate real, acatar a pressuposição de que uma espécie de história, mais do que as outras, será condenada caso não possa produzir "bens" para o uso atual.

24

Escravos voluntários do Estado assistencialista[1] (1958)

Progresso significa movimento em direção desejada, e nós não temos todos os mesmos desejos para nossa espécie. Em *Possible Worlds* (Mundos possíveis),[2] o professor Haldane criou um futuro em que o homem, prevendo que a Terra logo se tornaria inabitável, adaptou-se para migrar para Vênus modificando drasticamente sua fisiologia e abandonando a justiça, a piedade e a felicidade. O desejo limita-se à sobrevivência. Bem, eu me preocupo muito mais com como

---

1. Da Revolução Francesa até o início da I Guerra Mundial, em 1914, presumia-se que o progresso humano era não apenas possível, mas também inevitável. Desde então, duas guerras terríveis e a descoberta da bomba de hidrogênio levaram os homens a questionar a pressuposição. *The Observer* convidou cinco escritores renomados a responderem às seguintes questões: "O homem está progredindo hoje?", "O progresso é possível?". Este artigo, o segundo de uma série, responde ao artigo de abertura de C. P. Snow, "Man in Society". *The Observer*, 13 de julho de 1958.

2. Ensaio incluído em *Possible Worlds and Other Essays*, de J. B. S. Haldane (Londres, 1927). Ver também "The Last Judgement", no mesmo livro.

a humanidade vive do que com por quanto tempo. Para mim, progresso significa aumentar a bondade e a felicidade em cada indivíduo. Parece-me que para a espécie, assim como para cada homem, a simples longevidade é um ideal desprezível.

Por isso, avanço mais do que C. P. Snow em remover a bomba H do centro do cenário. Como ele, não sei se, caso ela matasse um terço de nós (o terço a que pertenço), isso seria ruim para os remanescentes. Como ele, não penso que morreremos todos. Mas e se morressem? Sendo cristão, tenho certeza de que a história humana terá fim algum dia, e não cabe a mim aconselhar o Onisciente quanto à melhor data para terminar a obra. Preocupo-me mais com o que a bomba já vem fazendo.

Há jovens que tomam a ameaça como razão para envenenar todos os prazeres e escapar de todas as obrigações do presente. Será que não sabem que, com bomba ou sem ela, todos morrem (e muitos de formas horrorosas)? Não adianta chorar e se lamentar por isso.

Tendo removido o que considero um obstáculo, volto à questão real. As pessoas estão se tornando, ou é provável que se tornem, melhores ou mais felizes? Obviamente, a resposta é apenas uma conjectura. A maior parte das experiências individuais (e não existe outro tipo) jamais chega aos noticiários e muito menos aos livros de história. A pessoa tem noção imperfeita até dela mesma. Estamos reduzidos a generalidades e, mesmo assim, é difícil encontrar um equilíbrio. Sir Charles enumerou muitos avanços reais. E contra eles precisamos apresentar Hiroshima, Black and Tans,[3] Gestapo, Ogpu,[4] lavagem cerebral, campos de serviços forçados na Rússia. Talvez sejamos mais bondosos com as crianças; mas, aí, pioramos no trato dos idosos. Qualquer médico pode testemunhar que até os ricos se recusam a cuidar dos pais. "Será que não podemos colocá-los em algum tipo de Lar?", indagou Goneril.[5]

Creio que mais útil do que tentar encontrar equilíbrio é lembrar que a maioria desses fenômenos, bons ou maus, se torna possível por dois fatores que, provavelmente, determinarão a maioria dos acontecimentos durante algum tempo.

O primeiro é o avanço e a crescente aplicação da ciência. Como meio para o fim que se busca ela é neutra. Seremos capazes de curar, e de produzir, mais doenças – guerra bacteriológica e não as bombas talvez façam descer a cortina final –, de aliviar e infligir mais dores, de poupar, ou desperdiçar, os recursos dos planetas de forma mais ampla. Podemos nos tornar mais bondosos ou mais perniciosos. Penso que faremos as duas coisas, consertando uma e estragando a outra, removendo antigos sofrimentos e produzindo outros, protegendo-nos em um lugar e nos colocando em risco em outro.

O segundo é a relação modificada entre governo e súditos. Sir Charles menciona nossa nova atitude

---

3. Grupo de ex-combatentes irlandeses, organizado para acabar com revoltas em 1920 e 1921. (N.E.)
4. Polícia secreta na União Soviética nos anos 1920. (N.E.)
5. Em *Rei Lear*, de Shakespeare.

perante o crime. Menciono os trens lotados de judeus entregues às câmaras de gás alemãs. Parece chocante sugerir um elemento em comum, mas penso que existe. Segundo a visão humanitária, todo crime é patológico e requer não punição retributiva, mas, sim, cura. Isso afasta o tratamento do criminoso dos conceitos de justiça e de retribuição. "Simples cura" não tem sentido.

Na antiga visão da opinião pública, poderia haver protesto contra uma punição (houve protesto contra nosso antigo código penal), considerando-a excessiva, mais do que o homem "merecia", questão ética em que qualquer pessoa podia ter opinião. No entanto, o tratamento como remédio só pode ser julgado pela probabilidade de sucesso, questão técnica em que apenas os especialistas podem se pronunciar. Com isso, o criminoso deixa de ser pessoa dotada de direitos e de deveres, e se torna simples objeto em que a sociedade pode trabalhar. E, em princípio, foi isso que Hitler fez com os judeus. Eles não passavam de objetos, mortos não por retribuição errada, mas porque, na teoria dele, eram uma doença na sociedade. Se a sociedade pode consertar, refazer e desfazer os homens segundo sua vontade, essa vontade pode ser, claro, humana ou homicida. A diferença é importante. De qualquer forma, entretanto, os governantes se tornaram proprietários.

Observe como a atitude "humana" diante do crime poderia operar. Se os crimes são doenças, por que as doenças seriam tratadas de modo diverso dos crimes? E quem, a não ser os especialistas, podem definir doenças? Uma escola da psicologia considera minha religião uma neurose. Se essa neurose um dia se tornar inconveniente para o governo, nada impediria que eu passasse por uma "cura" compulsória. Pode ser doloroso; algumas vezes os tratamentos o são. Mas não adiantará perguntar o que fez para merecer isso. O Encarregado da Correção responderá: "Mas, meu caro, ninguém está te *acusando*. Não acreditamos mais na justiça de retribuição. Estamos te curando".

Isso seria nada mais do que aplicação extrema da filosofia política implícita na maioria das comunidades modernas. Tem nos minado sem que percebamos. Duas guerras implicaram vasta restrição da liberdade, e nos acostumamos, embora resmungando, com nossas cadeias. A complexidade cada vez maior e a precariedade de nossa vida econômica forçaram o governo a assumir muitas esferas de atividade que antes eram deixadas sem controle. Nossos intelectuais se renderam primeiro à filosofia escravizante de Hegel, depois à de Marx e, por fim, aos analistas da linguística.

Como resultado, a teoria política clássica, com seus conceitos-chave estoicos, cristãos e jurídicos (lei natural, valor do indivíduo, direitos do homem), morreu. O Estado moderno não existe para proteger nossos direitos, mas para fazer o bem para nós ou nos tornar bons – de qualquer forma, para fazer algo para nós ou nos levar a fazer algo. Com o novo nome de "líderes" para aqueles que antes eram "governantes", não somos súditos, mas, sim, guardas, alunos e animais domésticos. Não há nada em que possamos dizer a eles: "Isso é problema meu". Toda nossa vida é problema deles.

Escrevo "eles" porque me parece infantilidade não reconhecer que o governo é e sempre será oligárquico. Nossos senhores efetivos são mais do que um e menos do que todos. Os oligarcas, porém, começam a nos ver de nova maneira.

Penso que aqui reside nosso verdadeiro dilema. É provável que não poderemos, e com certeza não o faremos, percorrer de volta nosso caminho. Somos animais domados (uns por senhores bondosos, outros por donos cruéis) e, provavelmente, morreríamos de fome se saíssemos de nossa jaula. Essa é uma parte do dilema. Em uma sociedade cada vez mais planejada, quanto do que valorizo pode sobreviver? Essa é a outra parte do dilema.

Creio que o homem é mais feliz, e de um modo mais profundo, se possui "a mente que nasceu livre". Contudo, duvido que isso seja possível sem independência econômica, que a nova sociedade tem abolido. A independência econômica permite educação sem o controle do governo. Na vida adulta é o homem que não precisa, nem pede nada ao governo a quem pode criticar e apontar o dedo para a ideologia. Leia Montaigne; é a voz de um homem sentado à sua mesa, comendo o carneiro e o nabo produzidos em sua própria terra. Ninguém fala como ele tendo o Estado como professor e empregador? Admito que, quando o homem era indomado, essa liberdade pertencia a poucos. Eu sei. Daí a terrível suspeita de que temos que escolher entre sociedades com poucos livres e sociedades sem nenhum livre.

Repito, a nova oligarquia precisa, cada vez mais, basear sua alegação de planejar para nós em sua afirmativa de conhecimento. Se é para termos mãe, a mãe deve saber o que é melhor para nós. Isso significa que precisam confiar cada vez mais nos conselhos dos cientistas, até que os políticos também se tornem meros fantoches dos cientistas. A tecnocracia é a forma para a qual a sociedade planejada deve tender. Temo os especialistas em poder porque sabem falar sobre outros assuntos que não a sua especialidade. Que os cientistas falem sobre ciências, mas o governo envolve questões sobre o bem da pessoa, a justiça, e o que vale a pena ter, a que preço. Nesses assuntos, o treinamento científico não acrescenta qualquer valor à opinião do homem. Que o médico me diga que, se eu não tomar determinadas atitudes, morrerei em certo prazo, mas decidir se vale a pena viver nesses termos não é questão que ele seja mais capaz de responder do que qualquer outra pessoa.

Em terceiro lugar, não gosto que as pretensões do governo – o fundamento para exigir minha obediência – sejam muito elevadas. Não gosto de pretensões mágicas dos médicos nem do Direito Divino do Bourbon. Isso não é apenas porque não acredito em mágica e na *Politique*[6] de Bousset. Creio em Deus, mas detesto a teocracia. Todo governo consiste apenas em homens e, numa visão estrita, é um paliativo. Caso acrescente aos comandos "Assim diz o Senhor", está mentindo, e essa mentira é perigosa.

---

6. Jacques Bénigne Bossuet, *Politique tirée des propres de l'Ecriture-Sainte* (Paris, 1709).

Por esse mesmo motivo, temo o governo em nome da ciência. É assim que a tirania se intromete. Em cada era, os homens que nos querem sob seu domínio usarão a pretensão específica que as esperanças e os temores de cada era mostrarem ser mais potentes. Eles "capitalizam." Já foi magia, cristianismo. Agora, com certeza, será a ciência. Talvez os verdadeiros cientistas não levem muito a sério a "ciência" dos tiranos – não levavam a sério as teorias raciais de Hitler nem a biologia de Stalin. No entanto, eles podem ser calados.

Precisamos dar atenção ao alerta de Sir Charles – no Oriente, milhões estão morrendo de fome. Esses considerariam meus temores muito desprezíveis. O faminto pensa em comida e não em liberdade. Precisamos dar toda atenção à afirmativa de que apenas a ciência, aplicada por todo o globo, e, portanto, sem precedente de controle governamental, pode resultar em estômagos saciados e assistência médica para toda a raça humana. Nada, em suma, além de um mundo com Estado assistencialista. É a plena aceitação dessas verdades que me alerta para o perigo extremo que a humanidade corre no presente.

Temos, por um lado, necessidade desesperada: fome, doença e medo da guerra. Por outro lado, temos o conceito de algo que poderia resolver o problema: tecnocracia global e supercompetente. Não são as oportunidades ideais para a escravidão? Foi assim que aconteceu antes: uma necessidade extrema (real ou aparente) de um lado e o poder (real ou aparente) de aliviá-la do outro. No mundo antigo, os homens se vendiam como escravos para conseguir comer. O mesmo acontece na sociedade. Eis o curandeiro que pode nos livrar do feiticeiro – o guerreiro que nos salva dos bárbaros –, a Igreja que nos salva do inferno. Dê a eles o que querem, entregue-se a eles amarrado e vendado, se eles o quiserem! Talvez a barganha terrível aconteça de novo. Não podemos culpar os homens por aceitarem. Mas conseguimos desejar que não o façam. Mas também mal podemos suportar que aceitem.

A questão sobre o progresso se tornou a questão sobre a possibilidade de descobrirmos uma forma de nos submeter ao paternalismo mundial da tecnocracia sem perder toda a privacidade e independência. Há algum jeito de conseguir o mel do Estado assistencialista sem ser picado?

Não nos enganemos quanto ao ferrão. A tristeza sueca é apenas um prelúdio. Viver como acha melhor, chamar sua casa de seu castelo, desfrutar dos frutos de seu trabalho, educar os filhos como achar melhor, poupar para a prosperidade dos filhos depois de sua morte – esses são desejos profundamente entranhados no homem branco e civilizado. Realizá-los é quase tão necessário para nossas virtudes quanto para nossa felicidade. Se forem frustrados, podem ocorrer problemas psicológicos e morais.

Tudo isso nos ameaça, inclusive se a forma de sociedade para a qual a nossa aponta se mostra um sucesso sem precedentes. Mas isso é certo? Que segurança temos de que nossos mestres manterão, ou serão capazes de manter, a promessa que nos levou a nos vendermos? Não nos enganemos com frases como "Homem tomando seu destino nas mãos". O que pode acontecer é apenas que alguns homens tomarão nas mãos o destino dos outros. Serão apenas homens, imperfeitos, alguns gananciosos, cruéis e desonestos. Quanto mais planejarmos, mais poderosos serão eles. Será que já descobrimos novas razões por que, desta vez, o poder não corromperá como antes?

Fontes originais

1. "Por que não sou pacifista" foi lido para uma sociedade pacifista em Oxford, em 1940. Lewis fez uma cópia dos manuscritos para seu ex-pupilo e amigo, George Sayer. Agradeço ao sr. Sayer por me fornecer uma cópia disso. O ensaio foi incluído em uma edição ampliada de *The Weight of Glory and Other Addresses*, de Lewis, publicado por Macmillan Publishing Co., de Nova York, em 1980. (Publicado no Brasil por editora Vida, em 2008, sob o título *O Peso de Glória – Agora em edição completa com 8 artigos*.) Na Grã-Bretanha, foi publicado pela primeira vez em 1987, em *Timeless at Heart*.
2. "Bulverismo ou O fundamento do pensamento do século XX" é o título que Lewis deu ao ensaio que apareceu como "Notes on the Way", em *Time and Tide*, volume XXII (29 de março de 1941, p. 261).
3. "Primeiras coisas e segundas coisas" era o nome do capítulo e também o nome que Lewis deu a esse ensaio que apareceu pela primeira vez como "Notes on the Way" em *Time and Tide*, volume XXIII (27 de junho de 1942, p. 519,520).
4. "Igualdade", reimpresso de *The Spectator*, volume CLXXI (27 de agosto de 1943, p. 192).
5. "Três tipos de homem", reimpresso de *Sunday Times* n. 6258 (21 de março de 1943, p. 2).

6. "Terríveis coisas vermelhas" foi publicado originalmente em *Church of England Newspaper*, volume LI (6 de outubro de 1944, p. 1,2).

7. "Educação democrática" é o título dado por Lewis a suas "Notes on the Way", de *Time and Tide*, volume XXV (29 de abril de 1944, p. 369,370).

8. "Um sonho", reimpresso de *The Spectator*, volume CLXXIII (28 de julho de 1944, p. 77).

9. "A língua inglesa está condenada?" era o título do capítulo, de *The Spectator*, volume CLXXII (11 de fevereiro de 1944, p. 121).

10. "Meditação na oficina" era o nome do capítulo e foi reimpresso de *Coventry EveningTelegraph* (17 de julho de 1945, p. 4).

11. "Hedonia" era o nome do capítulo e foi extraído de *Time and Tide*, volume XXVI (16 de junho de 1945, p. 494,495).

12. "Apologética cristã" era o nome do capítulo e foi publicado originalmente em *Undeceptions*, foi lido para uma assembleia de ministros anglicanos e de jovens líderes na Carmarthen Conference for Youth Leaders and Junior Clergy durante a Páscoa de 1945.

13. "O declínio da religião" foi extraído de *The Cherwell*, periódico de Oxford, volume XXVI (29 de november de 1946, p. 8-10).

14. "Religião sem dogma?" foi lido para o Clube Socrático em 20 de maio de 1946 e publicado como "A Christian Reply to Professor Price" no *The Phoenix Quarterly*, volume I, n. 1 (outono de 1946, p. 31-44). Ele foi reimpresso como "Religion Without Dogma?" em *The Socratic Digest*, n. 4 (1948, p. 82-94). A réplica que adicionei a esse ensaio é a resposta de Lewis ao artigo da srta. G. E. M. Anscombe chamado "A Reply to Mr C. S. Lewis's Argument that 'Naturalism is Self-refuting'", ambos

publicados na edição 4 do *The Socratic Digest*. Aqueles que se interessarem pelo artigo de Anscombe irão encontrá-lo reimpresso em *Collected Philosophical Papers*, da autora, volume II (1981).

15. "Vivisseção" apareceu pela primeira vez como um panfleto da New England Anti-Vivisection Society (1947) e foi reimpresso na Inglaterra pela National Anti-Vivisection Society (1948).

16. "Traduções modernas da Bíblia" era o nome do capítulo e foi o título que dei para o prefácio que Lewis escreveu para *Letters to Young Churches: A Translation of the New Testament Epistles*, de J. B. Phillips (Geoffrey Bles Ltd, 1947; publicado no Brasil pela editora Vida Nova com o título *Cartas às Igrejas Novas*; última edição em 1972).

17. "Viver na era atômica" foi extraído da última edição da revista anual *Informed Reading*, volume VI (1948, p. 78-84).

18. Eu não sei para qual editor inglês Lewis enviou "A teoria humanitária da punição". Ele foi publicado pela primeira vez em *20th Century: An Australian Quarterly Review*, volume III, n. 3 (1949, p. 5-12). Ao final do ensaio, Lewis adicionou este texto: "Uma última palavra. Você pode perguntar por que eu enviei este artigo para um periódico australiano. A razão é simples e, talvez, digna de registro: não ouvi nada relativo a isso na Inglaterra". O ensaio encontrou séria acolhida na Austrália, e dois criminologistas, Norval Morris e Donald Buckle, publicaram "A Reply to C. S. Lewis" em *20th Century*, volume VI, n. 2 (1952). Após isso, o ensaio de Lewis e a "Reply" dos doutores Morris e Buckle foram reimpressos no jornal jurídico australiano *Res Judicatae*, volume VI (junho de 1953, p. 224-230; 231-237). Em seguida, surgiu o artigo "Comment: The Humanitarian Theory of Punishment", de J. J. C. Smart, em *Res Judicatae*, volume VI (fevereiro

de 1954). Isso fez com que Lewis escrevesse "On Punishment: A Reply" – uma réplica aos três homens –, que foi publicada em *Res Judicate*, volume VI (agosto de 1954, p. 519-523). Mais tarde, quando Lewis permitiu que o jornal inglês *The Churchman* republicasse seu ensaio original na edição de abril-junho de 1959, ele removeu o escrito adicional. Desde então o ensaio tem sido reimpresso em várias coleções americanas de artigos sobre pena capital e assuntos relacionados. De todos os ensaios de Lewis, esse é um dos mais respeitados e, certamente, o mais controverso. O presente livro traz o ensaio original bem como a resposta de Lewis, "On Punishment: A Reply".

19. "A dor dos animais: um problema teológico" era o nome do capítulo e apareceu inicialmente em *The Month*, volume CLXXXIX (fevereiro de 1950, p. 95-104). Sou muito grato à srta. M. F. Matthews pela permissão de incluir a parte do falecido dr. C. E. M. Joad nesse debate de excelente nível.

20. "O teísmo é importante?" foi extraído de *The Socratic Digest*, n. 5 (1952, p. 48-51).

21. "Natal: um capítulo perdido de Heródoto" foi publicado pela primeira vez em *Time and Tide*, volume XXXV (4 de dezembro de 1954, p. 1607).

22. "Puritanismo e filologia" foi reimpresso de *The Spectator*, volume CXCIV (21 de janeiro de 1955, p. 63,64).

23. "A história é bobagem?" foi reimpresso de *The Cambridge Review*, volume LXXVIII (1. de junho de 1957, p. 647, 649).

24. "Escravos voluntários do Estado assistencialista" foi publicado originalmente em *The Observer* (20 de julho de 1958, p. 6).

**Acreditamos
nos livros**

Este livro foi composto em Fairfield LH e impresso pela Geográfica para Editora Planeta do Brasil em junho de 2021.